THÉATRE COMPLET

DE

BEAUMARCHAIS

RÉIMPRESSION DES ÉDITIONS PRINCEPS

AVEC LES VARIANTES DES MANUSCRITS ORIGINAUX
PUBLIÉES POUR LA PREMIÈRE FOIS

PAR

G. D'HEYLLI ET F. DE MARESCOT

TOME QUATRIÈME

(Tarare — La Mère coupable)

PARIS
LIBRAIRIE DES BIBLIOPHILES
Rue Saint-Honoré, 338
—
M DCCC LXXI

THÉATRE COMPLET

DE

BEAUMARCHAIS

JUSTIFICATION DU TIRAGE :

Vélin............	2	exemplaires.
Parchemin.........	4	—
Papier de Chine......	15	—
Papier Whatman......	15	—
Papier vergé.........	489	—
	525	exemplaires.

NOTICE

sur

TARARE

RACE *à certain passage des Mémoires secrets, on peut établir que c'est en 1784, un mois à peine après la première représentation de la Folle Journée, que Beaumarchais termina le poëme de Tarare*[1]. *Voici en effet ce qu'on lit à la date du 23 mai*[2] :

Le sieur de Beaumarchais vient de finir un opéra dont il a fait lecture à un comité d'élite. On en a été enchanté. Il ne s'agit plus que de trouver un musicien digne de le mettre en musique. Il en fait bien lui-même, et de fort agréable, mais il n'ose entreprendre une si grande tâche.

Tarare, *comme* la Folle Journée, *fut, avant d'être représenté, soumis à l'appréciation d'un public privilégié, avide de tout ce qui sortait de la plume inépuisable de cet écrivain bizarre et universel.* Tarare *fit le tour des salons littéraires de l'époque, c'est Métra qui nous l'apprend*[3]. *Bien avant*

---

1. Beaumarchais avait songé à intituler autrement son opéra. *Le Libre arbitre ou le Pouvoir de la vertu,* tel est le titre qu'il voulait lui donner. (Lettre à Bret du 26 mars 1786.)
2. *Mémoires secrets,* T. XXVI.
3. *Correspondance secrète*, 31 mars 1785. Les renseignements sur l'opéra de *Tarare* sont malheureusement nuls dans la Correspondance se-

d'être jouée, l'œuvre était connue, on en parlait partout, et le Zoïle anonyme qui chansonnait la captivité de Beaumarchais à Saint-Lazare ajoutait, dans ses vers, cette méchanceté à bien d'autres :

> ... Il aura le moyen
> De corriger son *Tarare*
> A Saint-Lazare (*bis*)[1].

Il y resta, on l'a vu, fort peu de temps, et fut réhabilité d'une façon assez éclatante pour imposer, momentanément du moins, silence aux attaques de ses adversaires. Elles devaient recommencer, violentes et passionnées, au moment même où il préparait la première représentation de son œuvre. Son opéra terminé, Beaumarchais, qui n'avait jamais composé que de petits airs, imités de l'espagnol[2], *et qui n'avait pas, bien que ne doutant de rien, la prétention d'entreprendre une œuvre de longue haleine, songea à trouver un compositeur pour écrire la musique de* Tarare.

Il avait pensé tout d'abord à Gluck, dont la musique avait fait sur lui une profonde impression.

En écoutant le premier ouvrage de ce grand musicien, il s'était écrié : « Voilà un homme qui entend la scène ! voilà un talent vraiment dramatique. » Dans la conversation qu'il eut immédiatement après avec Gluck, il lui parla de son art avec une

crète de Métra, qui s'arrête, dans l'édition imprimée à Londres chez John Adamson, à la date du 7 octobre 1785. La Bibliothèque du Louvre possédait le manuscrit des années 1786 à 1789. Il serait à souhaiter qu'un éditeur intelligent eût l'idée de réimprimer cette correspondance, la plus curieuse et une des mieux renseignées de toutes celles du XVIII° siècle. Métra était un nouvelliste a tel point diligent et friand de nouvelles, qu'on fit sur lui ces vers, après sa mort :

> Pour lui, je suis certain qu'au suprême moment,
> A son caractère fidèle,
> Il eût trouvé moins dur d'entrer au monument
> S'il avait pu lui-même en porter la nouvelle.

1. Dans un libelle anonyme publié sous ce titre : *Lettre du public parisien à P. A. C. de Beaumarchais*, ou *Vie de notre bourgeois*, on lit les lignes suivantes, qui sont comme la contre-partie des vers rapportés par Métra : « Il faut être doué de votre inébranlable philosophie, et surtout avoir la conscience calme, pour imaginer de si belles choses, pour faire de si beaux vers dans le séjour des tribulations et presque expirant sous le poids de l'opprobre, des angoisses et de l'humiliation. »
2. La *Revue Rétrospective* du 15 mars 1870 a reproduit une curieuse lettre de Beaumarchais, musicien, à Mme Pankouke (*sic*), datée du 22 novembre 1779.

telle connaissance et des idées si nettes de l'application de la musique à la manière d'exprimer les passions, sans nuire à l'intérêt de la Scène et sans arrêter l'action dramatique, que Gluck, qui ne l'avait jamais vu, le devina et lui dit : « Vous êtes sûrement Monsieur de Beaumarchais. » Dès ce moment ils eurent le désir de faire ensemble un opéra [1]. »

Gluck, qui ne faisait pas de la musique comme tout le monde, qui avait à lui sa manière, très en faveur à cette époque, devait parfaitement s'entendre avec Beaumarchais, lequel, de son côté, avait écrit une œuvre toute différente de celles jouées jusqu'à ce jour, et composée fidèlement d'après les théories, très contestables, exposées dans la Lettre aux abonnés de l'Opéra qui voudraient aimer l'Opéra.

Beaumarchais envoya donc son opéra à Gluck dès qu'il l'eut terminé.

La grandeur du plan le ravit : il lui parut digne de son génie; mais l'âge, lui manda-t-il, ne lui laissait plus la force qu'exigeait une si vaste entreprise [2].

Sur le conseil du maître, Beaumarchais s'adressa à Salieri son élève. Il le fit venir de Vienne, l'installa chez lui, le traita avec la plus grande amitié, le fit travailler sous ses yeux, en l'entourant de ses conseils.

Les Mémoires secrets prétendent qu'il alla jusqu'à faire donner à Salieri 100 pistoles chaque mois par l'Académie Royale de musique, jusqu'au complet achèvement de la partition. C'était, ajoutent-ils :

« ... le vrai moyen d'exciter les directeurs à se débarrasser au plus tôt de cette charge en mettant en lumière ce chef-d'œuvre.

Beaumarchais, qui avait soumis le libretto de son opéra aux critiques de quelques connaisseurs privilégiés, désira aussi tâter l'opinion sur la musique de Salieri. Les Mémoires secrets *nous révèlent cette particularité, devenue, on a pu le voir, une véritable habitude chez Beaumarchais.*

1. Voyez l'édition de Beaumarchais donnée par Gudin de la Brenellerie. Paris, 1809, t. VII, p. 282.
2. Éd. de 1809, t. VII, p. 287.

On dit bien qu'il y a eu chez le sieur de Beaumarchais quelques essais de répétition qui n'ont pas produit grand effet, mais il ne s'en effraie pas, et il compte sur sa bonne renommée. Afin de la maintenir, il va avec son musicien, un forté-piano et tout l'attirail nécessaire, chez les grands seigneurs, mais surtout dans les sociétés bourgeoises de ses amis, où il fait exécuter les meilleurs morceaux, qui sont ainsi trouvés admirables. Cette parodie des groupes de Savoyards qui viennent montrer la lanterne magique chez les particuliers, est surtout originale et fournit une excellente caricature pour rire [1].

Comparer Beaumarchais à un Savoyard, l'accabler de railleries de mauvais goût, juger mauvaise une œuvre sans en connaître bien souvent le premier mot, la première note, c'était faire après tout pour Tarare *ce qu'on avait fait déjà pour la Folle Journée. Habitué qu'il était à ces façons, très-occupé de ses répétitions, aux prises avec le terrible Bergasse[2], Beaumarchais s'adonnait tout entier à son œuvre, et tâchait d'en hâter la première représentation. Voici, en effet, ce qu'on lit dans les* Mémoires secrets *à la date du 10 mai 1787 :*

Les répétitions de *Tarare* sont en train, et le sieur de Beaumarchais les suit avec le plus grand soin : il veut que son opéra soit donné vers la mi-juin au plus tard. Quoique le sieur Salieri l'accompagne toujours, le musicien n'est là que comme son sous-ordre; il ne dit pas un mot! C'est le sieur de Beaumarchais qui fait toutes les observations, même sur la musique; il prétend que celle-ci ne doit que servir à faire mieux valoir et ressortir les beautés du poëme de toute espèce; il crie souvent à l'orchestre : « Pianissimo; je veux, messieurs, que ce soient les paroles qui dominent, qu'on n'en perde rien. »

1. Voyez les *Mémoires secrets*, à la date du 21 février 1787.
2. Il faut lire sur cette longue et curieuse affaire le chapitre XXX de l'étude de M. de Loménie. Je ne citerai, à ce sujet, que cette épigramme, qui fait partie de documents inédits que je possède sur Beaumarchais.

    Sur l'Air de *Figaro* :

L'auteur fameux de *Tarare*,
Pour un bon mot, l'an dernier,
De l'ordre de Saint-Lazare
Fut fait simple chevalier.
Le procès qu'on lui prépare
Pourroit bien pour cette fois
Lui mériter la grand' croix (*bis*).

On trouvera aussi le récit de cette affaire Kornmann Bergass dans l'édition des *Mémoires de Beaumarchais* qui suivra la publication de son *Théâtre*.

Ce poëme sera de la longueur à peu près du *Mariage de Figaro*, en cinq actes, avec un prologue, force décorations Asiatiques et originales comme l'ouvrage. On prétend que l'Académie Royale de musique s'est déjà constituée en 30,000 livres d'avances pour les décorations[1]; que le baron de Breteuil a donné ordre, d'après la demande de l'auteur, qu'on n'épargnât rien pour leur magnificence, et que la dépense des habits ira bien à 20,000 livres, ce qui sera une mise dehors de 50,000 livres.

Du reste, les acteurs sont déjà sous le charme; ils n'ont encore rien entendu de si beau : c'est un Roi qui veut violer la femme d'un général, auquel il a les plus grandes obligations. L'auteur se pavane d'avance, on ne l'a pas encore vu si impudent. Il annonce que M. le comte d'Artois lui a promis de tout quitter pour assister à son opéra ; que rien n'arrêtera S. A. R. lors de la première représentation, et qu'en cas où il y aurait encore Assemblée de Notables, il fera vaquer le bureau ce jour-là.

Il est permis de douter de la véracité du passage des Mémoires secrets relatif à l'effacement complet de Salieri pendant les répétitions de Tarare. Beaumarchais, qui savait beaucoup de choses, ne les connaissait pas toutes assurément, et le compositeur pouvait seul s'occuper de certains détails, surveiller l'exécution de sa musique, indiquer les nuances, faire ressortir les effets enfantés par son génie. Salieri, d'ailleurs, n'était pas le premier venu et était arrivé à Paris avec une réputation déjà vieille et incontestée. Gluck, qui l'avait en grande estime, l'avait chargé, à une époque où l'état de sa santé était des plus précaires, de faire la musique de l'opéra des Danaïdes. *Salieri s'était mis à l'œuvre, et, sa partition terminée, il arrivait à Paris pour diriger la mise en scène. Le 26 avril 1784, l'ouvrage fut représenté à l'Académie Royale de musique. Le nom de Gluck fut proclamé seul au milieu des plus chaleureux applaudissements; mais le jour de la treizième représentation parut dans les journaux une lettre du maître déclarant que la musique des* Danaïdes *était entièrement l'œuvre de Salieri*[2]. *Beaumarchais avait trop d'esprit pour traiter à la*

---

1. Les décorations, qui étaient fort belles, avaient été dessinées par M. Pàris et exécutées par M. Boulay.

2. Salieri, en cette circonstance, fit assaut de modestie avec son maître. Dans une lettre en date du 16 mai 1784, tout en convenant que les idées musicales des *Danaïdes* étaient à lui, il déclarait que l'emploi qu'il en avait fait, leur application aux paroles, lui avaient été entièrement suggérés par l'auteur d'*Iphigénie*. (*Mém. secrets.*)

légère un homme d'une telle valeur, et d'un talent si sûr que Gluck n'avait pas craint, un jour, de mettre, momentanément du moins, son nom au bas d'une de ses œuvres. Peut-être la tenue calme et réservée de Salieri faisait-elle un apparent contraste avec l'activité bruyante et infatigable de l'auteur de la Folle Journée!

Beaumarchais, après avoir fait connaître à diverses reprises les paroles et la musique de Tarare *à quelques connaisseurs, diminuait la fréquence de ses lecteurs à mesure qu'elles produisaient l'effet qu'il en voulait obtenir; il avait décidé que les répétitions de son opéra se passeraient absolument à huis-clos. Il espérait, de cette façon, épargner à son œuvre des critiques anticipées de parti pris toujours injustes, et stimuler, par un mystère bien soutenu, l'impatience du public. Toutefois, il se laissa toucher et se désista, quelques jours avant la première représentation, de son inébranlable résolution. Voici, en effet, ce qu'on lit dans les* Mémoires secrets, *à la date du 3 juin 1787* :

La répétition générale d'hier a eu lieu devant une assemblée aussi nombreuse que pourra l'être celle de la première représentation; on y a vu la confirmation de ce qu'on avait dit, le sieur de Beaumarchais présidant à tout : il était entouré de cinq ou six cordons bleus. Chacun cherchait le sieur Salieri, demandait où il était. On y a trouvé des effets de musique, de décorations et de machines très-brillants [1]; quant au poëme, beaucoup d'obscurité, quantité de choses triviales et obscènes, avec des endroits vraiment beaux, même sublimes.

Le mot sublime, il faut le dire, est de trop. C'est une exagération vers le bien aussi peu admissible que la violence des attaques anticipées dirigées contre l'œuvre de Beaumarchais. Tarare *est un opéra surtout ennuyeux, dont le poëme rompait peut-être avec le genre plat et fade de mode jusqu'au jour où il parut, mais qui serait aujourd'hui hors de saison et presque grotesque, bien qu'à l'heure présente ce genre de littérature soit resté, à peu d'exceptions près, assez stationnaire.*

1. Il y avait, dans l'opéra de Beaumarchais, au 3ᵉ acte, un ballet que le tyran Atar trouvait charmant, mais que le public trouva trop long. Le *Journal de Paris* du samedi 9 juin 1787 demandait qu'il fût raccourci. Pierre Gardel, le maître de ballets, avait réglé ce divertissement, rehaussé de la présence d'Auguste Vestris et de la fameuse Guimard.

Les répétitions générales de Tarare *se succédaient avec rapidité, et étaient souvent émaillées de particularités curieuses. Celle du samedi 3 juin ne se passa pas, on va le voir, sans encombre*[1].

A la répétition du samedi 3, le sieur de Beaumarchais, ayant aperçu le bâtard de l'abbé Aubert, son élève, et stylé sous lui à lancer le sarcasme, l'a apostrophé de la façon la plus indécente : « Quel brigand vois-je là ! Vient-il chercher le moyen de décrier mon opéra avant qu'il ait été joué? » Il voulait faire sortir ce jeune homme : afin d'éviter un éclat trop public et trop scandaleux, on les a conduits dans le foyer des acteurs, où le sieur de Beaumarchais ayant exhalé à loisir sa rage contre le fils et le père, le jeune homme, étourdi, ne sachant trop que répondre, il l'a laissé rentrer dans la salle, à condition qu'il se conduirait avec la décence et la circonspection convenables.

Les Mémoires secrets, *à la date du 7 juin, racontent encore dans les termes suivants la répétition de* Tarare *qui eut lieu le surlendemain de celle signalée par l'algarade faite par Beaumarchais au bâtard de l'abbé Aubert.*

Les acteurs, amorcés par l'espoir de gagner plus aux répétitions de *Tarare* qu'aux représentations d'*Alcindor*[2], avaient imaginé de profiter de la liberté que leur en donne l'Ordonnance du Roi et de rendre celle du lundi payante[3] : effectivement la recette a été de plus de 5,000 francs. Aussi le public a profité de son droit et a vigoureusement hué le cinquième acte : ce qui a fort déplu au sieur de Beaumarchais. Cependant il s'est contenu, il a modestement demandé la parole, et, chacun ayant fait silence, il a harangué et dit aux spectateurs qu'ils avaient raison, mais que ce dénouement serait changé, ce qui a paru satisfaire l'auditoire, qui l'a témoigné par des battements de mains[4].

1. Voyez les *Mémoires secrets* à la date du 5 juin 1787.
2. *Alcindor*, opéra-féerie. L'auteur du poëme était M. Rochon de Chabannes; celui de la musique, M. de Zede. Cet opéra, représenté avec un luxe considérable de décorations et de costumes, n'eut cependant aucun succès.
3. La recette fut de 5,133 livres. Une ordonnance du Roi du 24 novembre 1786 permettait d'admettre le public aux représentations générales, moyennant le prix de 3 livres par personne, à toutes places. Les acteurs devaient s'en partager le produit. La première recette de ce genre, faite pour *Œdipe à Colone*, de Guillard et Sacchini, donna seulement 627 livres.
4. A propos de cet épisode singulier et qui peint bien d'ailleurs le caractère et la facilité de riposte de Beaumarchais, voici ce que dit M. Pitra, un nouvelliste de l'époque cité dans la *Correspondance littéraire de Grimm* : « Tout autre que le sieur Caron eût plié la tête sous l'orage des sifflets; mais lui, imperturbable, accoutumé à être hué et applaudi ensuite avec transport, se leva dans sa loge, et de là, comme l'orateur romain du haut de la tribune, s'adressant au public, il dit « que c'était malgré lui qu'on avait fait

Le sieur de Beaumarchais n'a pas moins conservé un ressentiment profond de cette injure, et, comme il y avait une autre représentation payante, indiquée au mercredi, il est allé dès le lendemain chez M. le baron de Breteuil et a supplié ce ministre d'ordonner aux directeurs de faire rendre l'argent aux personnes qui avaient loué des loges pour cette répétition. D'un autre côté, ceux-ci ont représenté le tort que ce dérangement faisait à l'Opéra et le désagrément qui en résultait pour le public. Le sieur de Beaumarchais, furieux, s'est écrié que, si l'on ne lui accordait pas sa demande, il renoncerait plutôt à faire jouer son opéra; qu'il allait en retirer la partition. Le baron de Breteuil lui a fait sentir que cela ne se pourrait; que, même en donnant les cent mille francs d'indemnité qu'il offrait, il ne saurait dédommager les chefs de tous les soins, de toutes les peines, de tout le temps perdu dont il était cause. Enfin le Ministre est convenu qu'il n'y aurait pas de répétition payante, mais que ce serait la dernière grâce qu'il accorderait au sieur de Beaumarchais.

En conséquence, hier on a affiché : « Par ordre : il n'y aura pas de répétition payante [1]. »

Grimm, dans sa Correspondance littéraire[2], *rapporte les couplets suivants, composés à la sortie de la répétition payante de l'œuvre de Beaumarchais Ils se chantaient sur l'air de :* « Je suis Lindor. »

> Pour mon écu[3], je l'ai vu ce *Tarare*,
> Cet opéra tant lu de tout côté,
> Cet opéra tant prôné, tant vanté,
> Cet opéra si merveilleux, si rare.
> Quel succès fou ce célèbre poëme,
> De ses pareils le vrai nec plus ultra,
> Quel succès fou je prédis qu'il aura !
> Et mon garant c'est Beaumarchais lui-même.
> Lui qui, dit-on, dit si peu de bêtises,
> Dans son Mémoire imprimé récemment
> Ne dit-il pas que jusqu'à ce moment
> Tous ses succès sont dus à ses sottises?

L'opéra de Tarare, *entièrement prêt à faire son apparition devant le public, faillit cependant n'être pas joué. Dans son Avertissement, placé en tête de la pièce imprimée, Beau-*

« payer à la porte; qu'il s'était opposé à cette nouveauté; que le public avait
« eu raison de siffler son cinquième acte, qu'il n'était pas achevé et qu'il
« allait s'occuper à le rendre plus digne de lui être offert. » *Corresp. litt.*,
t. XIII, p. 402.
1. *Mémoires secrets* à la date du 7 juin 1787.
2. T. XIII, p. 384.
3. Voyez la note 3 de la page 7.

marchais, faisant allusion à l'affaire Kornmann, qui était venue l'accabler au moment où il était tout entier à Tarare, nous explique en peu de mots qu'il songea un instant, devant les attaques dont il était l'objet, à renoncer à faire représenter son opéra, « pour rendre plainte et suivre au Criminel le prompt châtiment des coupables ».

Monsieur le baron de Breteuil, lisons-nous à ce sujet dans la Correspondance littéraire de Grimm [1], du département de qui dépend l'administration de l'Opéra, n'a pas jugé à propos de céder aux scrupules de la délicatesse de conscience de M. de Beaumarchais, en risquant de faire perdre à ce spectacle plus de 100,000 livres de frais qu'il lui en a déjà coûté pour les habits et les décorations de *Tarare*, dont les répétitions occupent depuis plus de six semaines tous les sujets de l'Académie Royale de musique : il a donc décidé inhumainement que l'opéra serait donné sans retard, ou que l'auteur en rembourserait les frais. A l'audience qu'il avait demandée à ce ministre, M. de Beaumarchais insistant toujours sur ce bel apophthegme, qu'on s'amuse peu d'un ouvrage dont on méprise l'auteur, M. de Breteuil a fini par lui dire : « J'ai peu de mémoire ; mais, en faisant quelque effort, je suis sûr, Monsieur, que, dans ce moment, je trouverais un exemple assez frappant pour prouver le contraire. »

Et Grimm fait suivre aussitôt ce renseignement d'une suite de couplets composés contre Beaumarchais. Nous ne citerons que le premier, parce qu'il est comme la paraphrase de la répartie de M. de Breteuil :

> J'ai vu la centième folie [2]
> De cette étrange comédie
> Qui fit courir tous nos Français.
> Ah ! bravo, bravo, Beaumarchais ! (*Bis.*)
> Ma foi, d'un mérite si rare
> L'on doit attendre que *Tarare*
> Va nous dégotter *Figaro*.
> Ah ! Beaumarchais, bravo, bravo [3] ! (*Bis.*)

1 T. XIII, p. 372.
2. Il s'agit ici de *la Folle Journée*, qui était devenue centenaire. A ce propos, j'emprunte aux *Mémoires secrets* un joli trait digne d'être cité : « A une des dernières représentations du *Mariage de Figaro*, un particulier qui se trouvait dans une loge se récriait et disait : « Ce Beaumarchais a bien « de l'esprit. » Il était dans la loge d'à côté et lui dit : « Mais le mot de mon-« sieur ne vous écorcherait pas la bouche. » Le particulier reprend : « Oui, « je l'ai dit et je ne m'en dédis pas : Beaumarchais a bien de l'esprit, mais « monsieur de Beaumarchais n'est qu'un sot. »
3. Dans la liasse de documents inédits que je possède sur Beaumarchais, je trouve une copie manuscrite de ces couplets faite à l'époque même où ils furent en vogue. Ils se chantaient, paraît-il, sur l'air de *Calpigi* dans *Tarare* : « Je suis né natif de Ferrare. » A la date du 31 août 1787, *les Mémoires*

En dépit de ses scrupules, malgré le temps précieux que lui enlevait souvent la nécessité de répondre aux attaques dont il était l'objet, Beaumarchais dut céder aux ordres du Ministre et « préférer, comme il le dit dans l'avertissement placé en tête de sa pièce imprimée, l'impatience du public à ses justes répugnances. »

L'opéra de Tarare *fut joué le vendredi 8 Juin 1787; le vendredi était alors, et le fut longtemps encore, le jour à la mode.*

Jamais, raconte Grimm [1], aucun de nos théâtres n'a vu une foule égale à celle qui assiégeait les avenues de l'Opéra [2] le jour de la première représentation de *Tarare*; à peine des barrières élevées tout exprès et défendues par une garde de quatre cents hommes l'ont-elle pu contenir. Si l'auteur vertueux à qui nous devons *les Noces*, jouées cent fois, croit toujours, comme il le dit dans sa réponse au sieur Kornmann, « que le public n'aime pas à s'amuser de l'ouvrage d'un homme qu'il mésestime », ne doit-il pas être plus convaincu que jamais de l'estime et du respect que lui a voués l'opinion publique ?

C'est en effet le jour de la première représentation de Tarare, *dans la crainte de voir se renouveler les scènes tumultueuses de la journée du 27 avril 1784, que furent posées pour la première fois, à la porte de l'Opéra, des barrières destinées à contenir la foule*[3]. *On les adopta bientôt d'ailleurs pour les autres théâtres. Malgré l'affluence de public qui se pressa ce jour-là aux portes de l'Opéra, cette représentation de* Tarare *n'attira pas, à beaucoup près, le même monde que celle de* la Folle Journée. *Le*

secrets font mention d'une *Histoire de Beaumarchais* qui se chantait sur le même air.

1. T. XIII, page 403, de la *Correspondance littéraire.*
2. La salle de l'Opéra, lorsque Beaumarchais y fit représenter *Tarare* en 1787, était située près de la porte Saint-Martin, sur le boulevard. Elle avait été construite en soixante-quinze jours (plusieurs disent soixante-cinq) par Lenoir, la salle du Palais-Royal, élevée par Moreau, ayant été détruite par un incendie le 8 juin 1781. A cette même époque, Dauvergne et Louis Francœur, son neveu, étaient directeurs, avec un comité représentant les artistes de l'Opéra et institué par arrêt du Conseil des 17 mars et 1er avril 1780. En 1787, le total de la dépense pour le personnel et le matériel s'éleva, à l'Opéra, à la somme de 1,095,551 livres. Le 17 mars 1780, une subvention annuelle de 150,000 livres fut assurée à l'Opéra par le Roi; de plus, les costumes et décors des Menus-Plaisirs, évalués à 1,500,000 livres, furent abandonnés au théâtre, à la condition de jouer douze fois par an sur les théâtres de la Cour Le déficit de l'année 1786-87 s'éleva à 132,613 livres 5 sous 6 deniers.
3. Le spectacle avait lieu à cinq heures, et ces précautions s'expliquent assez, si l'on songe à quel point le lieu où était situé le théâtre était un endroit fréquenté.

comte d'Artois, comme il en avait fait la promesse à Beaumarchais, l'honora de sa présence. S. A. R. n'avait pas eu besoin de faire vaquer le bureau ce jour-là, car la dernière Assemblée générale des Notables avait été tenue le 25 du mois précédent.

On assure, prétendent les *Mémoires secrets*[1], que la Reine désirait fort y venir, mais qu'on a fait entendre à S. M. que cet ouvrage, comme la plupart des productions de l'auteur, malgré la gravité du sujet, était infecté de gravelures qu'il ne lui convenait pas d'autoriser par sa présence.

Sans être applaudi, comme l'avait été la Folle Journée, l'opéra de Tarare fut du moins écouté avec une grande attention. L'œuvre nouvelle de Beaumarchais n'était guère faite, il faut en convenir, pour ramener au théâtre le goût des productions belles et nobles, goût qui en 1787 tendait aussi bien à disparaître de la scène de l'Opéra que de la scène Française. Dans un recueil de l'époque, le critique s'écriait : « Est-ce la lanterne magique que l'Opéra est chargé de montrer au public ? Ah ! dans ce cas, il a bien fait de représenter Tarare ! » Lanterne magique ! Tarare valait un peu mieux que cela, mais assurément ce n'était pas entretenir le public dans le respect des chefs-d'œuvre que de le convier à applaudir, avec un renfort de mise en scène éblouissante, une intrigue aussi mal versifiée que celle du poëme de Beaumarchais. Il était jusqu'à un certain point naturel de remplacer par quelque chose de plus vivant le style passé de mode de Quinault, mais ce n'était pas un motif pour pousser l'innovation jusqu'à la trivialité. La manière dont s'expriment les personnages de Tarare est, en effet, dépourvue de noblesse : elle va jusqu'au grotesque. La musique fit passer le poëme : elle était dans le goût du jour et flattait l'enthousiasme de la foule, dont l'admiration, le jour de la première représentation, se manifesta d'une manière insolite. Le parterre[2] demanda à grands cris l'auteur

1. *Mémoires secrets*, à la date du 9 juin 1787.
2. L'Académie Royale de musique était, avec les Italiens, un des seuls théâtres de Paris qui refusait encore, à cette époque, de faire asseoir le parterre. Le public y était mis à la presse sans nul ménagement. Il fallait une admiration bien sincère pour écouter dans cette position les cinq actes de *Tarare*. A la fin de l'année 1787, à la suite de scènes bruyantes occasionnées par l'insuccès des *Prisonniers anglais*, les Comédiens Italiens se décidèrent à donner des sièges aux spectateurs du parterre.

Comme c'était sans exemple au théâtre lyrique, on n'était point préparé à cet incident. Les acteurs se disputaient à qui viendrait, ou plutôt ne viendrait pas haranguer le public; cependant le tumulte continuait, les loges même restaient en place. Dans cet intervalle, M. Salieri étant venu pour dire quelque chose au sieur Cheron[1], les actrices l'ont saisi, l'ont enlevé comme un corps saint, et l'ont apporté sur le théâtre. Cette cérémonie faite, le public ne s'en est pas contenté et a demandé l'auteur du poëme; mais M. de Beaumarchais a été inexorable. Les clameurs ne finissant point, on a pris le parti de faire éteindre pour toute réponse : grande indécence qui n'a point scandalisé le parterre, ainsi qu'elle aurait dû; et les crieurs, égosillés, se sont retirés comme des moutons. *O servum pecus!*

Le lendemain de la première représentation, les beaux esprits donnèrent libre carrière à leur imagination[2] *et chansonnèrent* Tarare *sur tous les rhythmes et modes imaginables. Les mémoires du temps sont remplis de ces élucubrations, trop nombreuses et toujours trop longues pour être rapportées ici*[3].

Beaumarchais, bien qu'il fût de longue date cuirassé contre ce genre de désagrément, y répondit une fois d'une manière assez plaisante et quelque peu mordante, on va le voir :

Avis aux voyageurs :

Au noble hôtel de la vermine
On est logé très-proprement;
Rivarol[4] y fait la cuisine,
Et Champcenetz l'appartement.

1. Cet acteur jouait le rôle d'Atar. Il tenait l'emploi des premières basses. Le premier ténor était alors Lainez, qui remplissait le rôle de Tarare. Mlle Maillard, premier soprano, créa le rôle d'Astasie.
2. Quelqu'un ne s'avisa-t-il pas de dire que *Tarare* devait tomber parce que l'anagramme de ce nom était *Ratera*. Voir la contre-partie de cette mauvaise plaisanterie dans *les Mémoires secrets*, à la date du 23 juin 1787.
3. Dans un libelle assez original publié contre Beaumarchais, sous ce titre : *Testament du père de Figaro*, on peut lire le passage suivant : « Je demande pardon au public de lui avoir donné *Tarare*, qu'il m'est impossible de justifier, et je souscris au compte qu'en a rendu M. l'abbé de Fontenai dans son *Journal général de France*, n° 71 : je dois entrer tout entier dans le tombeau. » Ce *Testament du père de Figaro*, petite plaquette de seize pages, est tout simplement un extrait de la « *Lettre du public parisien à P. A. C. de Beaumarchais* », brochure in-8° de 32 pages.
4. Voici un joli mot de Rivarol sur Beaumarchais, mot presque perdu dans une Revue disparue. Beaumarchais, s'étant rendu un jour à Auteuil pour y visiter un de ses amis, s'était vu forcé de revenir à pied. Bien que fort las, il se rendit le soir au foyer de la Comédie française, où l'on donnait *le Mariage de Figaro*. A peine entré, il se laissa tomber sur un fauteuil en s'écriant : « J'ai les jambes rouées! — C'est toujours ça de fait », répliqua Rivarol. (*La Revue rétrospective*, n° du 15 janvier 1870, p. 90.)

Ces deux Messieurs étaient, en effet, les auteurs de plusieurs facéties dans lesquelles celui qui avait écrit Tarare *n'était pas beaucoup épargné. L'une d'elles est restée célèbre et se retrouve dans tous les recueils du XVIIIᵉ siècle. Cette longue pièce de vers était une parodie du récit de Théramène, mise dans la bouche du portier de Beaumarchais. Elle débutait ainsi*[1] :

> A peine Beaumarchais, débarrassant la scène,
> Avait de *Figaro* terminé la centaine,
> Qu'il volait à *Tarare*, et pourtant ce vainqueur;
> Dans l'orgueil du triomphe, était morne et rêveur.
>   Etc., etc.

Après les couplets satyriques, les parodies firent leur apparition. Il y en eut, s'il faut s'en rapporter à Grimm[2], *jusqu'à douze jouées en même temps sur les scènes secondaires et sur les théâtres forains. C'est là, en effet, que s'étalait plus spécialement ce genre de littérature. Les Comédiens Italiens ordinaires du Roi, donnèrent, le 27 juillet 1787, la première représentation de* Lanlaire ou le Chaos[3]. *C'était une plate parodie de* Tarare *composée par l'auteur de* la Folle Soirée : *Laus de Boissy. Voici le jugement que l'auteur de la* Correspondance littéraire *porte sur cette œuvre, que le parodiste n'osa pas même signer de son véritable nom, lorsqu'il jugea à propos de la publier* :

L'auteur s'est traîné pas à pas, d'acte en acte, de scène en scène, sur toutes les traces de son original, et cet effort d'imagination est relevé par un style qui prouve de la manière la plus déplorable qu'il n'est pas impossible d'écrire encore plus mal que ne l'a fait l'auteur de *Tarare*. Sans l'espèce de déchaînement qui existe aujourd'hui contre le seul nom du père de Figaro, l'on n'eût jamais permis d'achever la première et dernière représentation de cette misérable rapsodie.

Laus de Boissy avait fait précéder l'impression de sa pièce d'une sorte de préface, dans laquelle il prétend que

---

1. Voyez la *Correspondance littéraire de Grimm*, t. XIII, p. 381.
2. *Correspondance littéraire*, t. XIII, p. 437.
3. « *Lanlaire ou le Chaos*, parodie de *Tarare* en un acte, prose, vaudevilles et divertissement, par M. L. B.... y de B... n, de plusieurs Académies. A Gattières, et se trouve à Paris chez Brunet, libraire, place de la Comédie Italienne, 1787. » C'est une brochure in-8º de 76 pages ; au bas de la dernière se trouvent l'approbation et le permis d'imprimer, signés Suard et contresignés de Crosne.

Beaumarchais se serait opposé à la représentation de Lanlaire, qu'il aurait menacé comédiens, magistrats, auteur, et que, par une lettre insultante, il se serait rendu digne d'une correction d'écolier. Le fait n'est guère vraisemblable, car il entrait peu, on le sait, dans les habitudes de Beaumarchais de faire attention aux écrivailleurs déchaînés contre lui[1]. *Une autre parodie de* Tarare *fut faite sous le titre de* Bagare[2]. *Elle se jouait encore en septembre* 1787, *bien qu'elle n'eût d'autre mérite que d'être aussi insignifiante que ses pareilles.*

« *Nous n'avons plus de bonnes parodies* », *écrivait Grimm à propos de celles de l'opéra de Beaumarchais; et la remarque était juste.*

Cependant, Tarare *continuait le cours de ses représentations, et faisait même d'assez grasses recettes : il fut joué vingt-six fois en* 1787[3], *ce qui dénote une vogue bien soutenue. En* 1790, *le* 3 *août, eut lieu une première reprise de l'œuvre, à l'occasion de laquelle Beaumarchais remania sensiblement son opéra.*

De grandes réformes politiques s'étaient opérées au sein du pays : l'ancien régime, lézardé par d'antiques privilèges et par de vieux préjugés, s'était vu contraint de restituer des libertés qui devaient peu à peu, dégénérant par l'abus en licence effrénée, le conduire à une chute sanglante. Ces libertés s'étaient étendues jusqu'au théâtre : des allusions bien marquées, des théories sur les idées récentes, que le crayon du censeur eût impitoyablement biffées quelques années auparavant, commençaient à se faire jour sur toutes les scènes. La vogue ne s'arrêtait devant rien : elle introduisait des moines et des archevêques dans les spectacles représentés sur les tréteaux de l'Ambigu, et le théâtre de la

---

1. Le jugement des *Mémoires secrets* sur l'œuvre de Laus de Boissy est aussi sévère que celui de Grimm. « Cette facétie, assez gaie dans le commencement, est devenue plate et ennuyeuse : il n'y a pas d'apparence qu'elle reparaisse. »

2. « *Bagare*, parodie de *Tarare*, comédie en deux actes, mêlée de vaudevilles, par M. M*** de Saint-Aubin. A Astracan, et se trouve à Paris, etc., 1787. » C'était une brochure de 80 pages du format in-8°; elle portait comme épigraphe : *Ce qui ne vaut pas la peine d'être dit, on le chante.*

3. Le 17 novembre de cette même année mourait à Vienne, frappé de paralysie, Gluck, le maître de Salieri. Après bientôt un siècle, ses œuvres sont encore aujourd'hui admirées, et le seront aussi longtemps qu'existera le goût du beau et du grand. *Iphigénie*, *Orphée*, *Alceste*, autant de partitions pour jamais arrachées à l'oubli.

Nation, ci-devant Théâtre Français, imitait aussitôt cet exemple lucratif. Beaumarchais, plus que quiconque l'homme du moment, s'empressa, on se l'imagine bien, de profiter des circonstances. Il fit à son opéra certaines suppressions indiquées d'ailleurs par la critique, mais y ajouta, sous le titre de Couronnement de Tarare, *un acte entier, dans lequel il transformait en Roi constitutionnel le successeur d'Atar.* M. de Loménie prétend à tort que cet acte n'a jamais été publié[1]. J'ai retrouvé le livret de la reprise de 1790[2], et l'on pourra lire, à la suite de l'opéra de Beaumarchais, le morceau singulier qu'il y ajouta à cette époque.

La fête de la Fédération avait attiré à Paris une foule immense, à laquelle s'était joint, comme toujours, un grand nombre d'étrangers. Le public se précipita vers cette nouveauté, digne tout au plus, selon Grimm[3], des tréteaux de Nicolet :

Il n'y a qu'un trait, ajoute-t-il, qui n'a jamais manqué d'exciter une lutte violente entre les partisans outrés de la démocratie et ceux de l'autorité royale, vulgairement dits *aristocrates*, c'est ce que dit Tarare dans l'avant-dernière scène :

Oubliez-vous, soldats usurpant le pouvoir,
Que le respect des rois est le premier devoir?

L'opéra de Tarare fut, dans la suite, tour à tour repris en 1795[4], en 1802 et en 1819[5], avec les modifications que nécessitaient les phases de la situation politique de la nation. Le raccord de 1790 est le seul dû à la plume de Beaumarchais ; les autres changements furent l'œuvre d'écrivains dont un seul, Framery[6], était des amis de l'auteur de Tarare.

1. *Beaumarchais et son temps*, t. II, p. 410.
2. « Tarare, mélodrame en cinq actes. Troisième édition, augmentée du *Couronnement de Tarare*, représenté le 3 d'Auguste 1790. Poëme de Pierre-Augustin Caron, ci-devant Beaumarchais, musique de M. Salieri. — A Genève, chez Pierre Lallemand, Grande-Rue, n° 4 ; à Paris, chez les marchands de pièces de théâtre, M.DCC.XC. » Dans l'Avertissement placé en tête de cette nouvelle édition, Beaumarchais tentait de prouver qu'il était un des premiers auteurs de la Révolution.
3. *Correspondance littéraire*, t. XV, p. 155 et 156. Voir aussi sur cette reprise la lettre écrite le 15 août 1790 par Beaumarchais à Salieri : édition de 1809, t. VII, p. 67.
4. En 1795, la pièce fut jouée trois fois. La foule s'y porta en nombre.
5. Je sais quelqu'un qui a vu représenter *Tarare* en 1841, à Hambourg.
6. C'est, selon l'expression de M. de Loménie, Framery qui, en 1795, accommoda Tarare *à la sauce républicaine*. Beaumarchais avait dû s'enfuir de Paris.

Je dirai, en terminant cette notice, quelques mots relatifs à la partie bibliographique de Tarare. Ce n'est point, contrairement au principe adopté dans la présente publication, l'édition princeps *de l'opéra de Beaumarchais qui a été reproduite. Au dire de l'auteur lui-même*[1], *elle est très-fautive, et ne renferme pas la fameuse lettre* « aux abonnés de l'Opéra qui voudraient aimer l'opéra ».

Elle fut imprimée en deux nuits[2], *et, dépassant de beaucoup le prix habituel des livrets d'opéra, qui était de 30 sous, elle se vendait 48 sols. On força Beaumarchais de rabattre à 36 sous*[3]. *La* Lettre-Préface *parut pour la première fois dans le courant du mois d'août* 1787; *s'il faut s'en rapporter aux* Mémoires secrets, *ce discours* « un peu badin » *était composé depuis trois ans. Publiée séparément, la préface de Beaumarchais fut bientôt jointe à la deuxième édition de son opéra, parue du reste, comme la première, en* 1787. *C'est cette deuxième édition qui est réimprimée par nous. On a cru, suivant en cela l'exemple donné en* 1809 *par Gudin, inutile de relever les variantes sans intérêt de l'opéra de Tarare : l'œuvre, en effet, par elle-même, ne réclamait pas un travail de cette nature : c'est, sans conteste, la plus faible du bagage littéraire de celui qui a écrit* la Folle Journée, *et qui, par cette comédie hors ligne, s'est élevé au rang des génies dramatiques les plus incontestés.*

F. DE MARESCOT.

Houlgate (Calvados), août 1871.

---

1. Voyez l'Avertissement de l'auteur.
2. Cette première édition était revêtue de deux approbations données par Bret : la première le 28 mars, la seconde le 21 décembre 1786. On lira à ce sujet une lettre de Beaumarchais à Bret, au t. VII, p. 56, de l'édition de 1809.
3. Voyez *les Mémoires secrets*, à la date du 8 juin 1787. Je possède un exemplaire de la première édition, sur lequel le chiffre 48 est remplacé à l'encre par celui de 36 sols, correction évidemment faite à l'époque.

TARARE,

OPÉRA EN CINQ ACTES,

AVEC UN PROLOGUE,

ET UN DISCOURS PRÉLIMINAIRE,

Représenté pour la premiere fois,

SUR LE THÉATRE

DE L'ACADÉMIE-ROYALE

DE MUSIQUE,

Le Vendredi 8 Juin 1787.

SECONDE ÉDITION.

Barbarus at ego sum.....

Prix 36 sols

A PARIS,

De l'Imprimerie de P. DE LORMEL, Imprimeur de l'Académie-Royale de Musique, rue du Foin-Saint-Jacques, à l'Image Sainte Geneviève.

M. DCC. LXXXVII.

Avec Approbation et Privilége du Roi.

AVERTISSEMENT

DE L'AUTEUR

LE Poëme de Tarare était fini depuis long-temps, sa Musique était achevée, ma doctrine sur l'Opéra même était imprimée; j'allais la publier pendant qu'on répétait la Piece, car je voulais qu'on arrivât instruit de l'intention qui me l'avait fait faire, lorsque deux méchans obscurs ont exprès jeté dans le Public un Libelle atroce, où vingt personnes sont déchirées, où je suis injurié sans nul ménagement.

Forcé de répondre à l'instant, craignant de ne pouvoir suffire à tout, et que mes ennemis ne saisissent un moment de crise pour troubler l'effet d'un Spectacle qui, plein de nouveautés dramatiques, avait besoin d'être écouté sans prévention, j'ai suspendu les répétitions de Tarare, pour rendre plainte et suivre au criminel le prompt châtiment des coupables.

Mes efforts pour obtenir la suspension de l'ouvrage ont été inutiles, et, quoique j'aie porté ma suplique au point d'offrir le remboursement des dépenses, le Ministre a cru devoir préférer les intérêts d'un grand

Spectacle aux miens, et l'impatience du Public à mes justes répugnances. Il m'a fallu céder à l'autorité souveraine, qui, dans cette occasion, n'a mis qu'une volonté forte, mais rien qui ne fût très-honorable au Citoyen, et flatteur pour l'Homme de Lettres. Je n'ai donc pu que m'affliger, sans avoir le droit de me plaindre.

L'obligation de présenter le Poëme à la Famille Royale le jour de la première représentation a fait passer deux nuits à l'Imprimeur, et rend la première Édition très-fautive.

Le voici tel qu'il fut adopté par l'Académie de Musique, il y a trois ans, et mon Discours préliminaire, un peu badin, je l'avoue, pour la gravité du moment. Quand je le fis, j'étais nonchalamment heureux; je n'avais pas encore l'oreille rebattue des cris de mille forcenés. Ce Discours serait d'un autre ton s'il était à faire aujourd'hui.

Apprenez seulement, Etrangers qui n'habitez pas cette Ville, qu'en ce moment d'un très-léger succès, et sans doute pour m'en punir, cent dégoûtans Libelles manuscrits, imprimés, courent la Capitale, et font vivre mille affamés du triste produit de leur vente, en attendant que les Auteurs aient la retraite qu'ils méritent.

A MONSIEUR SALIERI

Mon Ami,

Je vous dédie mon Ouvrage, parce qu'il est devenu le vôtre. Je n'avais fait que l'enfanter; vous l'avez élevé jusqu'à la hauteur du Théatre.

Mon plus grand mérite en ceci est d'avoir deviné l'Opéra de *Tarare* dans *les Danaïdes* et *les Horaces*, malgré la prévention qui nuisit à ce dernier, lequel est un fort bel ouvrage, mais un peu sévère pour Paris.

Vous m'avez aidé, mon ami, à donner aux Français une idée du Spectacle des Grecs, tel que je l'ai toujours conçu. Si notre Ouvrage a du succès, je vous le devrai presqu'entier. Et quand votre modestie vous fait dire partout que vous n'êtes que mon Musicien, je m'honore, moi, d'être votre Poëte, votre Serviteur et votre Ami.

Caron de Beaumarchais.

AUX ABONNÉS DE L'OPÉRA

QUI VOUDRAIENT AIMER L'OPÉRA.

E n'est point de l'art de chanter, du talent de bien moduler, ni de la combinaison des sons; ce n'est point de la Musique en elle-même que je veux vous entretenir : c'est l'action de la Poésie sur la Musique, et la réaction de celle-ci sur la Poésie au Théatre, qu'il m'importe d'examiner, relativement aux Ouvrages où ces deux Arts se réunissent. Il s'agit moins pour moi d'un nouvel Opéra que d'un nouveau moyen d'intéresser à l'Opéra.

Pour vous disposer à m'entendre, à m'écouter avec un peu de faveur, je vous dirai, mes chers Contemporains, que je ne connais point de siecle où j'eusse préféré de naître, point de Nation à qui j'eusse aimé mieux appartenir. Indépendamment de tout ce que la Société française a d'aimable, je vois en nous, depuis vingt ou trente ans, une émulation vigoureuse, un desir général d'agrandir nos idées par d'utiles recherches, et le bonheur de tous par l'usage de la raison.

On cite le siecle dernier comme un beau siecle littéraire ; mais qu'est-ce que la littérature dans la masse des objets utiles ? Un noble amusement de l'esprit. On citera le nôtre comme un siecle profond de Science, de Philosophie, fécond en découvertes, et plein de force et de raison. L'esprit de la Nation semble être dans une crise heureuse : une lumière vive et répandue fait sentir à chacun que tout peut être mieux. On s'inquiete, on s'agite, on invente, on réforme; et, depuis la science profonde qui régit les Gouvernemens jusqu'au talent frivole de faire une chanson, depuis cette élévation de génie qui fait admirer Voltaire et Buffon jusqu'au métier facile et lucratif de critiquer ce qu'on n'aurait pu faire, je vois dans toutes les classes un desir de valoir, de prévaloir, d'étendre ses idées, ses connaissances, ses jouissances, qui ne peut tourner qu'à l'avantage universel; et c'est ainsi que tout s'accroît, prospère et s'améliore. Essayons, s'il se peut, d'améliorer un grand Spectacle.

Tous les hommes, vous le savez, ne sont pas avantageusement placés pour exécuter de grandes choses : chacun de nous est ce qu'il naquit, et devient après ce qu'il peut. Tous les instans de la vie du même homme, quelque patriote qu'il soit, ne sont pas non plus destinés à des objets d'égale utilité; mais, si nul ne préside au choix de ses travaux, tous au moins choisissent leurs plaisirs, et c'est peut-être dans ce choix qu'un observateur doit chercher le vrai secret des caractères. Il faut du relâche à l'esprit. Après le travail forcé des affaires, chacun suit son attrait dans ses amusemens : l'un chasse, l'autre boit; celui-ci joue, un autre intrigue; et moi, qui n'ai point tous ces goûts, je fais un modeste Opéra.

Je conviendrai naïvement, pour qu'on ne me dispute rien, que, de toutes les frivolités littéraires, une des plus frivoles est peut-être un Poëme de ce genre. Je conviens encore que, si l'Auteur d'un tel Ouvrage allait s'offenser du peu de cas qu'on en fait, malheureux par ce ridicule, et ridicule par ce malheur, il serait le plus sot de tous ses ennemis.

Mais d'où naît ce dédain pour le Poëme d'un Opéra? Car enfin ce travail a sa difficulté. Serait-ce que la Nation française, plus chansonnière que musicienne, préfère aux Madrigaux de sa Musique l'Épigramme et ses Vaudevilles? Quelqu'un a dit que les Français aimaient véritablement les Chansons, mais n'avaient que la vanité d'un prétendu goût de Musique. Ne pressons point cette opinion, de peur de la consolider.

Le froid dédain d'un Opéra ne vient-il pas plutôt de ce qu'à ce Spectacle, la réunion mal ourdie de tant d'arts nécessaires à sa formation a fini par jeter un peu de confusion dans l'esprit sur le rang qu'ils doivent y tenir, sur le plaisir qu'on a droit d'en attendre?

La véritable hiérarchie de ces Arts devrait, ce semble, ainsi marcher dans l'estime des Spectateurs. Premièrement, la Piece ou l'invention du sujet, qui embrasse et comporte la masse de l'intérêt ; puis la beauté du Poême ou la manière aisée d'en narrer les événemens ; puis le charme de la Musique, qui n'est qu'une expression nouvelle ajoutée au charme des vers ; enfin, l'agrément de la danse, dont la gaîté, la gentillesse, embellit quelques froides situations. Tel est, dans l'ordre du plaisir, le rang marqué pour tous ces Arts.

Mais par une inversion bizarre, particulière à l'Opéra, il semble que la Piece n'y soit rien qu'un moyen bannal, un prétexte pour faire briller tout ce qui n'est pas elle. Ici les accessoires ont usurpé le premier rang, pendant que le fond du sujet n'est plus qu'un très-mince accessoire : c'est le canevas des Brodeurs que chacun couvre à volonté.

Comment donc est-on parvenu à nous donner ainsi le change ? Nos Français, que l'on sait si vifs sur ce qui tient à leurs plaisirs, seraient-ils froids sur celui-ci ?

Essayons d'expliquer pourquoi les Amateurs les plus zélés (moi le premier) s'ennuient toujours à l'Opéra. Voyons pourquoi, dans ce Spectacle, on compte le Poême pour rien, et comment la Musique, toute insignifiante qu'elle est, lorsqu'elle marche sans appui, nous attache plus que les paroles, et la Danse plus que la Musique. Ce problême, depuis long-tems, avait besoin qu'on l'expliquât : je vais le faire à ma manière.

D'abord, je me suis convaincu que, de la part du Public, il n'y a point d'erreur dans ses jugemens au Spectacle, et qu'il ne peut y en avoir. Déterminé par le plaisir, il le cherche, il le suit par-tout. S'il lui échappe d'un côté, il tente à le saisir de l'autre. Lassé, dans l'Opéra, de n'entendre point les paroles, il se tourne vers la Musique : celle-ci, dénuée de l'intérêt du Poême, amusant à peine l'oreille, le cède bientôt à la Danse, qui de plus amuse les yeux. Dans cette subversion funeste à l'effet théâtral, c'est toujours, comme on voit, le plaisir que l'on cherche : tout le reste est indifférent. Au lieu de m'inspirer un puissant intérêt, si l'Opéra ne m'offre qu'un puéril amusement, quel droit a-t-il à mon estime ? Le Spectateur a donc raison ; c'est le Spectacle qui a tort.

Boileau écrivait à Racine : *On ne fera jamais un bon Opéra.*

La Musique ne sait pas narrer. Il avait raison pour son tems. Il aurait pu même ajouter : *La Musique ne sait pas dialoguer*. On ne se doutait pas alors qu'elle en devînt jamais susceptible.

Dans une lettre de cet homme qui a tout pensé, tout écrit, dans une lettre de Voltaire à Cideville, en 1732, on lit ces mots bien remarquables : « L'Opéra n'est qu'un rendez-vous public, « où l'on s'assemble à certains jours, sans trop savoir pour- « quoi ; c'est une maison où tout le monde va, quoiqu'on « pense du mal du Maître, et qu'il soit assez ennuyeux. »

Avant lui, La Bruyère avait dit : « On voit bien que l'Opéra « est l'ébauche d'un grand spectacle : il en donne l'idée, mais « je ne sais pas comment l'Opéra, avec une Musique si parfaite « et une dépense toute royale, a pu réussir à m'ennuyer. »

Ils disaient librement ce que chacun éprouvait, malgré je ne sais quelle vanité nationale qui portait tout le monde à dissimuler. Quoi ! de la vanité jusque dans l'ennui d'un spectacle ! Je dirais volontiers comme l'Abbé Bazile : *Qu'est-ce donc qu'on trompe ici ? Tout le monde est dans le secret !*

Quant à moi, qui suis né très-sensible aux charmes de la bonne Musique, j'ai bien longtems cherché pourquoi l'Opéra m'ennuyait, malgré tant de soins et de frais employés à l'effet contraire, et pourquoi tel morceau détaché qui me charmait au clavecin, reporté du pupitre au grand cadre, était près de me fatiguer s'il ne m'ennuyait pas d'abord. Et voici ce que j'ai cru voir.

Il y a trop de Musique dans la Musique du Théatre, elle en est toujours surchargée ; et pour employer l'expression naïve d'un homme justement célèbre, du célebre Chevalier Gluck, « notre Opéra put de Musique » : *puzza di Musica.* »

Je pense donc que la musique d'un Opéra n'est, comme sa Poësie, qu'un nouvel art d'embellir la parole, dont il ne faut point abuser.

Nos Poëtes Dramatiques ont senti que la magnificence des mots, que tout ce luxe poëtique dont l'Ode se pare avec succès, était un ton trop exalté pour la Scène : ils ont tous vu que, pour intéresser au Théatre, il fallait adoucir, appaiser cette Poësie éblouissante, la rapprocher de la nature, l'intérêt du Spectacle exigeant une vérité simple et naïve, incompatible avec ce luxe.

Cette réforme faite, heureusement pour nous, dans la Poësie dramatique, nous restait à tenter sur la Musique du Théatre. Or, s'il est vrai, comme on n'en peut douter, que la Musique soit à l'Opéra ce que les vers sont à la Tragédie, une expression plus figurée, une manière seulement plus forte de présenter le sentiment ou la pensée, gardons-nous d'abuser de ce genre d'affectation, de mettre trop de luxe dans cette manière de peindre. . Une abondance vicieuse étouffe, éteint la vérité : l'oreille est rassasiée, et le cœur reste vuide. Sur ce point, j'en appelle à l'expérience de tous.

Mais que sera-ce donc si le Musicien orgueilleux, sans goût ou sans génie, veut dominer le Poëte ou faire de sa Musique une œuvre séparée ? Le sujet devient ce qu'il peut; on n'y sent plus qu'incohérence d'idées, division d'effets et nullité d'ensemble : car deux effets distincts et séparés ne peuvent concourir à cette unité qu'on desire, et sans laquelle il n'est point de charme au Spectacle.

De même qu'un Auteur français dit à son Traducteur : « Monsieur, êtes-vous d'Italie ? Traduisez-moi cette œuvre en Italien ; mais n'y mettez rien d'étranger »; Poëte d'un Opéra, je dirais à mon parthenaire : « Ami, vous êtes Musicien : traduisez ce Poëme en Musique; mais n'allez pas, comme Pindare, vous égarer dans vos images et chanter Castor et Pollux sur le triomphe d'un Athlète : car ce n'est pas d'eux qu'il s'agit. »

Et si mon Musicien possede un vrai talent, s'il réfléchit avant d'écrire, il sentira que son devoir, que son succès, consiste à rendre mes pensées dans une langue seulement plus harmonieuse, à leur donner une expression plus forte, et non à faire une œuvre à part. L'imprudent qui veut briller seul n'est qu'un phosphore, un feu follet. Cherche-t-il à vivre sans moi, il ne fait plus que végéter; un orgueil si mal entendu tue son existence et la mienne; il meurt au dernier coup d'archet, et nous précipite à grand bruit du Théatre au fond de l'Erèbe.

Je ne puis assez le redire, et je prie qu'on y réfléchisse : trop de Musique dans la Musique est le défaut de nos grands Opéra.

Voilà pourquoi tout y languit. Si-tôt que l'Acteur chante, la Scène se repose (je dis s'il chante pour chanter), et par-tout où la Scène se repose, l'intérêt est anéanti. « Mais, direz-vous, si faut-il bien qu'il chante, puisqu'il n'a pas d'autre idiôme ? — Oui, mais tâchez que je l'oublie. L'art du Compositeur serait d'y parvenir. Qu'il chante le sujet comme on le versifie, uniquement pour le parer; que j'y trouve un charme de plus, non un sujet de distraction.

« Moi qui toujours ai chéri la Musique sans inconstance et
« même sans infidélité, souvent, aux pieces qui m'attachent le
« plus, je me surprends à pousser de l'épaule, à dire tout-bas
« avec humeur : Vas donc, Musique! Pourquoi tant répéter?
« N'est-tu pas assez lente? Au lieu de narrer vivement, tu ra-
« baches; au lieu de peindre la passion, tu t'accroches oiseuse-
« ment aux mots![1] »

Qu'arrive-t-il de tout cela? Pendant qu'avare de paroles, le Poëte s'évertue à serrer son style, à bien concentrer sa pensée, si le Musicien, au rebours, délaye, alonge les syllabes, et les noie dans des fredons, leur ôte la force ou le sens, l'un tire à droite, l'autre à gauche, on ne sait plus auquel entendre : le triste bâillement me saisit, l'ennui me chasse de la Salle.

Que demandons-nous au Théatre? Qu'il nous procure du plaisir. La réunion de tous les Arts charmans devrait certes nous en offrir un des plus vifs à l'Opéra! N'est-ce pas de leur union même que ce Spectacle a pris son nom? Leur déplacement, leur abus, en a fait un séjour d'ennui.

Essayons d'y ramener le plaisir en les rétablissant dans l'ordre naturel, et sans priver ce grand Théatre d'aucun des avantages qu'il offre; c'est une belle tâche à remplir. Aux efforts qu'on a faits depuis *Iphigénie*, *Alceste* et le Chevalier Gluck, pour améliorer ce spectacle, ajoutons quelques observations sur le Poëme et son amalgame. Posons une saine doctrine; joignons un exemple au précepte, et tâchons d'entraîner les suffrages par l'heureux concours de tous deux.

Souvenons-nous d'abord qu'un Opéra n'est point une Tragédie, qu'il n'est point une Comédie, qu'il participe de chacune et peut embrasser tous les genres.

Je ne prendrai donc point un sujet qui soit absolument tragique : le ton deviendrait si sévère que les fêtes y tombant des nues en détruiraient tout l'intérêt. Éloignons-nous également d'une intrigue purement comique, où les passions n'ont nul res-

---

1. Préface du *Barbier de Séville*.

sort, dont les grands effets sont exclus : l'expression musicale y serait souvent sans noblesse.

Il m'a semblé qu'à l'Opéra les sujets historiques devaient moins réussir que les imaginaires.

Faudra-t-il donc traiter des sujets de pure Féerie, de ces sujets où le merveilleux, se montrant toujours impossible, nous paraît absurde et choquant? Mais l'expérience a prouvé que tout ce qu'on dénoue par un coup de baguette ou par l'intervention des Dieux nous laisse toujours le cœur vuide, et les sujets mythologiques ont tous un peu ce défaut-là. Or, dans mon système d'*Opéra*, je ne puis être avare de Musique qu'en y prodiguant l'intérêt.

N'oublions pas sur-tout que, la marche lente de la Musique s'opposant aux développemens, il faut que l'intérêt porte entièrement sur les masses, qu'elles y soient énergiques et claires. Car, si la première éloquence au Théatre est celle de situation, c'est sur-tout dans le Drame chanté qu'elle devient indispensable par le besoin pressant d'y suppléer aux mouvemens de l'autre éloquence, dont on est trop souvent forcé de se priver.

Je penserais donc qu'on doit prendre un milieu entre le merveilleux et le genre historique. J'ai cru m'appercevoir aussi que les mœurs très-civilisées étaient trop méthodiques pour y paraître théatrales. Les mœurs Orientales, plus disparates et moins connues, laissent à l'esprit un champ plus libre et me semblent très-propres à remplir cet objet.

Par-tout où règne le despotisme, on conçoit des mœurs bien tranchantes. Là, l'esclavage est près de la grandeur; l'amour y touche à la férocité, les passions des Grands sont sans frein. On peut y voir unie dans le même homme la plus imbécille ignorance à la puissance illimitée, une indigne et lâche faiblesse à la plus dédaigneuse hauteur. Là je vois l'abus du pouvoir se jouer de la vie des hommes, de la pudicité des femmes; la révolte marcher de front avec l'atroce tyrannie : le despote y fait tout trembler jusqu'à ce qu'il tremble lui-même, et souvent tous les deux se voyent en même tems. Ce désordre convient au sujet; il monte l'imagination du Poëte, il imprime un trouble à l'esprit qui dispose aux *étrangetés* (selon l'expression de *Montagne*). Voilà les mœurs qu'il faut à l'Opéra, elles nous permettent tous les tons. Le sérail offre aussi tous les genres d'événemens; je puis m'y montrer tour-à-tour vif, imposant, gai, sérieux, enjoué, terrible ou badin. Les cultes, même Orientaux, ont je ne sais quel air magique, je ne sais quoi de *merveilleux*, très-propre à subjuguer l'esprit, à nourrir l'intérêt de la Scène.

Ah! si l'on pouvait couronner l'ouvrage d'une grande idée philosophique, même en faire naître le sujet! je dis qu'un tel amusement ne serait pas sans fruit, que tous les bons esprits nous sauraient gré de ce travail. Pendant que l'esprit de parti, l'ignorance ou l'envie de nuire armeraient la meute aboyante, le public n'en sentirait pas moins qu'un tel essai n'est point une œuvre méprisable. Peut-être irait-il même jusqu'à encourager des hommes d'un plus fort génie à se jeter dans la carrière, et à lui présenter un nouveau genre de plaisir digne de la première nation du monde.

Quoi qu'il en puisse être des autres, voici ce qu'il en est de moi. *Tarare* est le nom de mon Opéra, mais il n'en est pas le motif. Cette maxime, à la fois consolante et sévère, est le sujet de mon Ouvrage :

> HOMME! ta grandeur, sur la terre,
> N'appartient point à ton état:
> Elle est toute à ton caractère.

La dignité de l'homme est donc le point moral que j'ai voulu traiter, le thème que je me suis donné.

Pour mettre en action ce précepte, j'ai imaginé dans Ormus, à l'entrée du golfe Persique, deux hommes de l'état le plus opposé, dont l'un comblé, surchargé de puissance, un despote absolu d'Asie, a contre lui seulement un effroyable caractère. *Il est né méchant*, ai-je dit, *voyons s'il sera malheureux*. L'autre tiré des derniers rangs, dénué de tout, pauvre Soldat, n'a reçu qu'un seul bien du Ciel : un caractère vertueux. *Peut-il être heureux ici-bas?*

Cherchons seulement un moyen de rapprocher deux hommes si peu faits pour se rencontrer.

Pour animer leurs caractères, soumettons-les au même amour; donnons-leur à tous deux le plus ardent désir de posséder la même femme. Ici le cœur humain est dans son énergie; il doit se montrer sans détour. Opposons passion à passion, mais le vice puissant à la vertu privée de tout, le despotisme sans pudeur à l'influence de l'opinion publique, et voyons ce qui peut sortir d'une telle combinaison d'incidents et de caractères.

Les Français chercheront le motif qui m'a fait donner à mon Héros un nom proverbial. Il faut avouer qu'il entre un peu de coquetterie d'Auteur dans ceci. J'ai voulu voir si, lui donnant un nom usé qui jeterait dans quelque erreur, qui ferait dire à tous nos bons plaisans que je suis un garçon jovial, et que l'on va bien rire ou de mon Opéra ou de moi quand j'aurai mis sur le Théatre *Tarare-pompon* en musique; j'ai voulu, dis-je, voir si, lui donnant un nom insignifiant, je parviendrais à l'élever à un très-haut degré d'estime avant la fin de mon Ouvrage. Quant au choix du nom de *Tarare*, il me suffit de dire aux Étrangers qu'une tradition assez gaie, le souvenir d'un certain conte, nous rappelle en riant que le nom de *Tarare* excitait un étonnement dans les auditeurs, qui le fesait répéter à tout le monde aussitôt qu'on le prononçait. Hamilton, auteur de ce conte, a tiré très-peu de parti d'une bizarrerie qu'il aurait pu rendre plus gaie.

Voici, moi, ce que j'en ai fait. De cela seul que la personne de *Tarare*, en vénération chez le peuple, est odieuse à mon Despote, on ne prononce point son nom devant lui sans le mettre en fureur et sans qu'il arrive un grand changement dans la situation des Personnages. Ce nom fait toutes mes transitions : avantage précieux pour un genre de Spectacle où l'on n'a point de tems à perdre en situations transitoires, où tout doit être chaud d'action, brûlant de marche et d'intérêt.

La Musique, cet invincible obstacle aux développemens des caractères, ne me permettant point de faire connaître assez mes Personnages dans un sujet si loin de nous (connoissance pourtant sans laquelle on ne prend intérêt à rien), m'a fait imaginer un Prologue d'un nouveau genre, où tout ce qu'il importe que l'on sache de mon plan et de mes Acteurs est tellement présenté que le Spectateur entre sans fatigue, par le milieu, dans l'action, avec l'instruction convenable. Ce Prologue est l'exposition. Composé d'Êtres aériens, d'Illusions, d'Ombres légères, il est la partie merveilleuse du Poëme, et j'ai prévenu que je ne voulais priver l'Opéra d'aucun des avantages qu'il offre. Le merveilleux même est très-bon si l'on veut n'en point abuser.

J'ai fait en sorte que l'ouvrage eût la variété qui pouvait le rendre piquant, qu'un Acte y reposât de l'autre Acte, que chacun eût son caractère. Ainsi le ton élevé, le ton gai, le style tragique ou comique, des fêtes, une Musique noble et simple, un grand spectacle et des situations fortes, soutiendront tour-à-tour, j'espère, et l'intérêt et la curiosité. Le danger toujours imminent de mon principal Personnage, sa vertu, sa douce confiance aux Divinités du Pays, mise en opposition avec la férocité d'un Despote et la politique d'un Brame, offriront, je crois, des contrastes et beaucoup de moralité.

Malgré tous ces soins, j'aurai tort si j'établis mal dans l'action le précepte qui fait le fond de mon sujet :

> Homme ! ta grandeur, sur la terre,
> N'appartient point à ton état :
> Elle est toute à ton caractère.

Depuis que l'ouvrage est fini, j'ai trouvé dans un conte Arabe quelques situations qui se rapprochent de *Tarare;* elles m'ont rappelé qu'autrefois j'avais entendu lire ce conte à la campagne. Heureux, disais-je en le feuilletant de nouveau, d'avoir eu si faible mémoire ! Ce qui m'est resté du conte a son prix; le reste était impraticable. Si le Lecteur fait comme moi, s'il a la patience de lire le volume trois des Génies, il verra ce qui m'appartient, ce que je dois au conte Arabe; comment le souvenir confus d'un objet qui nous a frappés se fertilise dans l'esprit, peut fermenter dans la mémoire, sans qu'on en soit même averti.

Mais ce qui m'appartient moins encore est la belle Musique de mon ami *Salieri*. Ce grand compositeur, l'honneur de l'école de Gluck, ayant le style du grand maître, avait reçu de la nature un sens exquis, un esprit juste, le talent le plus dramatique avec une fécondité presque unique. Il a eu la vertu de renoncer, pour me complaire, à une foule de beautés musicales dont son Opéra scintillait, uniquement parce qu'elles alongeaient la Scène, qu'elles *allanguissaient* l'action; mais la couleur mâle, énergique, le ton rapide et fier de l'ouvrage, le dédommageront bien de tant de sacrifices.

Cet homme de génie, si méconnu, si dédaigné pour son bel

Opéra des *Horaces*, a répondu d'avance dans *Tarare* à cette objection qu'on fera que mon Poëme est un peu lyrique. Aussi n'est-ce pas là l'objet que nous cherchions, mais seulement à faire une musique dramatique. Mon ami, lui disais-je, amollir des pensées, efféminer des phrases pour les rendre plus musicales, est la vraie source des abus qui nous ont gâté l'Opéra. Osons élever la Musique à la hauteur d'un Poëme nerveux et très-fortement intrigué, nous lui rendrons toute sa noblesse, nous atteindrons peut-être à ces grands effets tant vantés des anciens Spectacles des Grecs. Voilà les travaux ambitieux qui nous ont pris plus d'une année. Et je le dis sincèrement, je ne me serais soumis pour aucune considération à sortir de mon cabinet pour faire avec un homme ordinaire un travail qui est devenu, par M. *Salieri*, le délassement de mes soirées, souvent un plaisir délectable.

Nos discussions, je crois, auraient formé une très-bonne Poétique à l'usage de l'Opéra, car M. *Salieri* est né Poëte, et je suis un peu Musicien. Jamais peut-être on ne réussira sans le concours de toutes ces choses.

Si la partie qu'on nomme récitante, si la Scène, en un mot, n'est pas aussi simple à *Tarare* que mon système l'exigeait, la raison qu'il m'en donne est si juste que je veux la transmettre ici.

Sans doute on ne peut trop simplifier la Scène, a-t-il dit, mais la voix humaine, en parlant, procède par des gradations de tons presque impossibles à saisir, par quart, sixième ou huitième de tons, et, dans le système harmonique, on n'écrit pour la voix que sur l'intervalle en rigueur des tons entiers et des demi-tons; le reste dépend des Acteurs : obtenez d'eux qu'il vous secondent. Ma phrase musicale est posée dans la regle austère de l'art; mais vous me dites sans cesse que dans la Comédie le plus grand talent d'un Acteur est de faire oublier les vers en en conservant la mesure. Eh bien ! nos bons Chanteurs seront des Comédiens quand ils auront vaincu cette difficulté.

Simplifier le chant du récit sans contrarier l'harmonie, le rapprocher de la parole, est donc le travail de nos répétitions, et je me loue publiquement des efforts de tous nos Chanteurs. A moins de parler tout-à-fait, le Musicien n'a pu mieux faire; et parler tout-à-fait eût privé la Scène des renforcements énergiques que ce Compositeur habile a soin de jeter dans l'Orchestre à tous les intervalles possibles.

Orchestre de notre Opéra! noble Acteur dans le système de *Gluck*, de *Salieri*, dans le mien! vous n'exprimeriez que du bruit si vous étouffiez la parole, et c'est du sentiment que votre gloire est d'exprimer.

Vous l'avez senti comme moi. Mais, si j'ai obtenu de mon Compositeur que, par une variété constante, il partageât notre œuvre en deux, que la musique reposât du poëme, et le poëme de la musique, l'Orchestre et le Chanteur, sous peine d'ennuyer, doivent signer entr'eux la même capitulation. Si l'ame du Musicien est entrée dans l'ame du Poëte, l'a en quelque sorte épousée, toutes les parties exécutantes doivent s'entendre et s'attendre de même, sans se croiser, sans s'étouffer. De leur union sortira le plaisir : l'ennui vient de leur prétention.

Le meilleur Orchestre possible, eût-il à rendre les plus grands effets, dès qu'il couvre la voix, détruit tout le plaisir. Il en est alors du Spectacle comme d'un beau visage éteint par des monceaux de diamants : c'est éblouir, et non intéresser. D'où l'on voit que le projet qui nous a constamment occupés a été d'essayer de rendre au plus grand Spectacle du monde les seules beautés qui lui manquent : une marche rapide, un intérêt vif et pressant, sur-tout l'honneur d'être entendu.

Deux maximes fort courtes ont composé dans nos répétitions ma doctrine pour ce Théâtre. A nos Acteurs pleins de bonne volonté je n'ai proposé qu'un précepte : PRONONCEZ BIEN. Au premier Orchestre du monde j'ai dit seulement ces deux mots : APPAISEZ-VOUS. Ceci bien compris, bien saisi, nous rendra dignes, ai-je ajouté, de toute l'attention publique. Mais, me dira quelqu'un, si nous n'entendons rien, que voulez-vous donc qu'on écoute ? Messieurs, on entend tout au Spectacle où l'on parle, et l'on n'entendrait rien au spectacle où l'on chante ! Oubliez-vous qu'ici chanter n'est que parler plus fort, plus harmonieusement ? Qui donc vous assourdit l'oreille ? est-ce l'empâtement des voix ou le trop grand bruit de l'Orchestre ? *Prononcez bien, appaisez-vous*, sont pour l'Orchestre et les Acteurs le premier remede à ce mal.

Mais j'ai découvert un secret que je dois vous communiquer. J'ai trouvé la grande raison qui fait qu'on n'entend rien à l'Opéra.

La dirai-je, Messieurs? *C'est qu'on n'écoute pas.* Le peu d'intérêt, je le veux, a causé cette inattention. Mais dans plusieurs Ouvrages modernes, tous remplis d'excellentes choses, j'ai très-bien remarqué que des momens heureux subjuguaient l'attention publique. Et moi, que j'en sois digne ou non, je la demande toute entière pour le premier jour de *Tarare*; et qu'un bruit infernal venge après le Public, si je m'en suis rendu indigne.

Me jugerez-vous sans m'entendre? Ah! laissez ce triste avantage aux Affiches du lendemain, qui souvent sont faites la veille.

Est-ce trop exiger de vous, pour un travail de trois années, que trois heures d'une franche attention? Accordez-les moi, je vous prie. Je prie sur-tout mes ennemis de prendre cet avantage sur moi, et c'est pour eux seuls que j'en parle. S'ils me laissent la moindre excuse à la première séance, ils peuvent bien compter que j'en abuserai pour me relever dans les autres. Leur intérêt est que je tombe, et non de me faire tomber.

On dit que les Journaux ont l'injonction de ménager l'Opéra dans leurs feuilles : j'aurais une bien triste opinion de leur crédit s'ils n'obtenaient pas tous des dispenses contre *Tarare!*

En tout cas, reste la ressource intarissable des lettres anonymes, des Épigrammes, des Libelles; celle des invectives imprimées, jetées par milliers dans nos Salles. Qui sait même si, dans le Temple des Muses, des Lettres et du Goût, au centre de la politesse, un Orateur bien éloquent, regardant de travers *Tarare*, ne trouvera pas un moyen ingénieux d'écraser l'Auteur et l'Ouvrage, à ne s'en jamais relever, comme il est advenu de l'infortuné *Figaro*, qui, depuis un tel anathème, n'a eu que des jours malheureux, une vieillesse languissante!

Tous ces moyens de nuire sont bons, efficaces, usités. La haine affamée s'en nourrit, la malignité les réclame, notre urbanité les tolère, l'Auteur en rit ou s'en afflige, la Pièce chemine ou s'arrête, et tout rentre à la fin dans l'ordre accoutumé de l'oubli : c'est là le dernier des malheurs.

Puisse le Goût public et l'acharnement de la haine nous en préserver quelque temps! Puissent les bons esprits de la Littérature adopter mes principes et faire mieux que moi! Mes amis savent bien si j'en serai jaloux ou si j'irai les embrasser. Oui, je le ferai de grand cœur, heureux, ô mes Contemporains! d'avoir au champ de vos plaisirs pu tracer un léger sillon que d'autres vont fertiliser !

Voila ma doctrine sur l'Opéra, telle que je la lisais et que je l'avais imprimée pour être publiée avant qu'on jouât *Tarare*. La situation très-austère où l'on m'a subitement jeté me l'aurait fait supprimer tout-à-fait, si une cinquantaine d'exemplaires, distribués entre mes amis, n'en rendait pas la suppression inutile.

J'apprends qu'une de ces plumes mercenaires qui défigurent tout ce qu'elles touchent s'apprête à en donner la plus infidèle analyse, ce qui m'oblige de la joindre à la seconde édition de *Tarare*.

A travers les mille et une injures que cet Ouvrage m'a valu, j'ai reçu quelques vers qui me consoleraient si j'étais affligé. Entre autres morceaux tous remplis de talens, l'Apologue qui suit est si vrai, si philosophique et si juste, que je n'ai pu m'empêcher de lui donner place en ce lieu.

APOLOGUE

A L'AUTEUR DE *TARARE*.

Un bon homme un soir cheminant,
  Passait à côté d'un village ;
Un chien aboye, un autre en fait autant :
Tous les mâtins du bourg hurlent au même instant.
Pourquoi, leur dit quelqu'un, pourquoi tout ce tapage ?
Nul d'eux n'en savait rien ; tous criaient cependant.

Des publiques clameurs c'est la fidelle image ;
On répète au hasard les discours qu'on entend.
Au hasard on s'agite, on blâme, on injurie ;
    On ne sait pas pourquoi l'on crie.
    Le Sage, direz-vous, méprise ces propos,
Tenus par des méchans, répétés par des sots ;
Le Sage quelquefois les paya de sa vie.
    Socrate fut empoisonné,
Aristide à l'exil fut par eux condamné ;
Ils ont forcé Voltaire à sortir de la France,
Ils ont réduit Racine à quinze ans de silence.
    On leur résiste quelque tems ;
Leur fureur à la fin détruit tous les talens.
Demandez-le à la Grece, à Rome, à l'Italie :
Ils ont, dans ces climats, jadis si florissans,
    Fait renaître la barbarie.

Par M. ***.

ACTEURS ET ACTRICES

CHANTANS DANS LES CHŒURS.

Côté du Roi.

Coriphées.

Mlles

Girardin.
Em. Gavaudan.

Dessus.

Mlles

Dubuisson.
Rouxelin.
Garus.
Charmoy.
Le Clerc.
St-Jame.
Delaigle.
Defrenneville.
Marinville.
Méziere, c.
Delacroix.

Basse-tailles.

M^{rs}

Péré.
Martin.
Le Grand.
Poussez.
Touvoys.
Cochoix.
Huby.

Haute-contres.

M^{rs}

Cavallier.
Jouve.
Jalaguier.
Moulin.
Duchamp.
Delboy.
Débeirk.
Bourbier.
Ramey.

Côté de la Reine.

Coriphées.

Mlles

Taunat.
Joséphine.

Dessus.

Mlles

Derozières.
D'Hautrive.
Launer.
Macker.
Sanctus.
Beaumont.
Davide.
Aurore.
Breffort.
Clozet.

Basse-tailles.

M^{rs}

Larlat.
Rey.
Le Coq.
Duplessier.
Martineau.
Chapelot.

Tailles.

M^{rs}

Cléret.
Tacusset.
Delory.
Fagnan.
Bouvard.
Joinville.
Le Roux, l.
Le Roux, c.
Guithard.
Rouen.

PERSONNAGES DANSANS.

PROLOGUE.

VENTS.

Mrs Coulon, Gainetez, le Bœuf, Flin, Milon, Dupin, Poinon, Jacotot.

OMBRES.

M. Huart, Mlle Deligny.

Mrs Deshayes, c., Fanfan.

Mlles Augustine, Béguin, c:

Mrs Caster, Clerget, Blanche, Béguin, Deschamp, Richard.

Mlles Courtois, Dancourt, Meziere, Barré, Barbier Bourgouin.

PETITS ZEPHIRS.

Mrs Petit, Aimée, Despager, Dossion.

PERSONNAGES DANSANS.

ACTE TROISIEME.

SEIGNEURS FRANÇAIS.

M. Gardel, Mlle Saulnier.

Mrs Poinon, Jacotot, Saulnier, l'Huillier.

Mlles Bigotini, Courtois, Dancourt, Puisieux.

BERGERS GALANS.

M. Vestris, Mlle Guimard.

BERGERS DE QUALITÉ.

M. Nivelon, Mlle Miller.

Mrs Delahaye, Deschamps, Henry, Bozon.

Mlles Meziere, la Coste, Lécrivain, Jacotot.

PASTRES.

M. Laurent, Mlle Langlois.

Mrs Coulon, Barré, Largiere, Boyer.

Mlles Siville, Denise, Laborie, Prault.

VIEILLARDS DE QUALITÉ.

Mrs Simonet, le Bel, Milon, Dupin.

VIEILLES COQUETTES.

Mlles Masson, le Clerc, Vanloo, Esther.

JEUNES GENS DE LA COUR, *très-fatigués*.

Mrs Siville, Gainetez, le Bœuf, Flin.

JEUNES FILLES *timides*.

Mlles Bernard, Dorival, Beaujon, Bourgouin.

PROLOGUE

DE

TARARE

ACTEURS DU PROLOGUE.

LE GENIE de la Reproduction des êtres, ou LA NATURE.	Mlle Joinville.
LE GENIE DU FEU, qui préside au Soleil, Amant de la Nature.	M. Chardiny.
L'OMBRE D'ATAR, Roi d'Ormus.	M. Chéron.
L'OMBRE DE TARARE, Soldat.	M. Lainez.
L'OMBRE D'ALTAMORT, Général d'Armée.	M. Chateaufort.
L'OMBRE D'ARTHENÉE, Grand-Prêtre de Brama.	M. Adrien.
L'OMBRE D'URSON, Capitaine des Gardes d'Atar.	M. Moreau.
L'OMBRE D'ASTASIE, Femme de Tarare.	Mlle Maillard.
L'OMBRE DE SPINETTE, Esclave du Serrail.	Mlle Gavaudan, c.
L'OMBRE DE CALPIGI.	M. Rousseau.
UNE OMBRE femelle.	Mlle Gavaudan, I.

FOULE D'OMBRES des deux sexes, composée de tout ce qui paraîtra dans la Piece.

PROLOGUE
DE TARARE

SCENE PREMIERE.

LA NATURE ET LES VENTS *déchaînés*.

L'Ouverture fait entendre un bruit violent dans les airs, un choc terrible de tous les Elémens. La toile, en se levant, ne montre que des nuages qui roulent, se déchirent et laissent voir les Vents déchaînés; ils forment, en tourbillonnant, des Danses de la plus violente agitation.

La Nature *s'avance au milieu d'eux, une baguette à la main, ornée de tous les attributs qui la caractérisent, et leur dit impérieusement :*

C'est assez troubler l'Univers;
Vents furieux, cessez d'agiter l'air et l'onde.

C'est assez, reprenez vos fers :
Que le seul zéphir règne au monde.

(*L'Ouverture, le bruit et le mouvement continuent.*)

CHŒUR DES VENTS *déchaînés.*

Ne tourmentons plus l'Univers :
Cessons d'agiter l'air et l'onde.
Malheureux ! reprenons nos fers ;
L'heureux Zéphir seul règne au monde.

(*Ils se précipitent dans les nuages inférieurs. Le Zéphir s'élève dans les airs. L'Ouverture et le bruit s'appaisent par degrés, les nuages se dissipent ; tout devient harmonieux et calme. On voit une campagne superbe, et le Génie du Feu descend dans un nuage brillant, du côté de l'Orient.*)

SCENE II.

LE GENIE DU FEU, LA NATURE.

LE GENIE DU FEU.

De l'orbe éclatant du Soleil,
Admirant des cieux la structure,
Je vous ai vu, belle Nature,
Disposer sur la Terre un superbe appareil.

LA NATURE.

Génie ardent de la Sphère enflammée,
Par qui la mienne est animée,

A mes travaux donnez quelques momens.
De toutes les races passées,
Dans l'immensité dispersées,
Je rassemble les élémens,
Pour en former une race prochaine
De la risible espece humaine,
Aux dépens des êtres vivans.

Le Genie du Feu.

Ce pouvoir absolu que vous avez sur elle,
L'exercez-vous aussi sur les individus?

La Nature.

Oui, si je descendais à quelques soins perdus!
Mais, pour moi, qu'est une parcelle,
A travers ces foules d'humains,
Que je répands à pleines mains
Sur cette terre, pour y naître,
Briller un instant, disparaître,
Laissant à des hommes nouveaux
Pressés comme eux, dans la carrière,
De main en main, les courts flambeaux
De leur existence éphémère?

Le Genie du Feu.

Au moins vous employez des élémens plus purs
Pour former les Puissans, et les Grands d'un Empire?

La Nature.

C'est leur langage, il faut bien en sourire :
Un noble orgueil les en rend presque surs.

> Mais voyez comme la Nature
Les verse par milliers, sans choix et sans mesure.

(Elle fait une espece de conjuration.)

> Froids humains, non encor vivans,
> Atômes perdus dans l'espace,
> Que chacun de vos élémens
> Se rapproche et prenne sa place,
> Suivant l'ordre, la pesanteur
> Et toutes les loix immuables
> Que l'Eternel dispensateur
> Impose aux êtres vos semblables.
> Humains non encor existans,
> A mes yeux paraissez vivans.

(Une foule d'Ombres des deux sexes s'élève de toutes parts, vêtue uniformément en blanc, au bruit d'une symphonie très-douce, et forme des danses lentes et froides, en marquant la plus vive émotion de ce qu'elles sentent, voient et entendent; puis un Chœur à demi-voix sort du milieu d'elles.)

SCENE III.

LE GENIE DU FEU, LA NATURE, Foule D'OMBRES DES DEUX SEXES.

Chœur d'Ombres.

(D'autres Ombres dansent sur l'air du Chœur.)

> Quel charme inconnu nous attire ?
> Nos cœurs en sont épanouis.

D'un plaisir vague je soupire ;
Je veux l'exprimer, je ne puis.
En jouissant, je sens que je desire ;
En desirant, je sens que je jouis.
Quel charme inconnu nous attire ?
Nos cœurs en sont épanouis.

Le Genie du Feu, *à la Nature*.

Privés des doux liens que donne la naissance,
Quels seront leurs rangs et leurs soins ?
Et comment pourvoir aux besoins
D'une aussi soudaine croissance ?

La Nature.

J'amuse vos yeux un moment
De leur forme prématurée ;
S'ils pouvaient aimer seulement,
Vous reverriez le règne heureux d'Astrée.

Le Genie du Feu:

Quel intérêt peut les occuper tous ?

La Nature

Nul, je crois.

Le Genie du Feu, *s'adressant aux Ombres*.

Qu'êtes-vous et que demandez-vous ?

L'Ombre d'Altamort.

Nous ne demandons pas : nous sommes.

Le Genie du Feu.

Qui vous a mis au rang des hommes?

L'Ombre d'Urson.

Qui l'a voulu : que nous importe à nous?

Le Genie du Feu.

Comme ils sont froids, sans passions, sans goûts!
Que leur ignorance est profonde!

La Nature.

Ah! je les ai formés sans vous.
Brillant Soleil, en vain la Nature est féconde;
Sans un rayon de votre feu sacré,
Mon œuvre est morte, et son but égaré.

Le Genie du Feu.

Gloire à l'éternelle Sagesse,
Qui, créant l'immortel amour,
Voulut que, par sa seule ivresse,
L'être sensible obtînt le jour.
Ah! si ma flamme ardente et pure
N'eût pas embrasé votre sein,
Stérile amant de la Nature,
J'eusse été formé sans dessein.

En Duo.

Gloire à l'éternelle Sagesse, etc.

Le Genie du Feu.

Un mot encor ; c'est une Ombre femelle.
(A l'Ombre.)
Aimable enfant, voulez-vous être belle ?

L'Ombre.

Belle !

Le Genie du Feu.

Vous rougissez !

L'Ombre.

Suis-je donc sans appas ?

Le Genie du Feu.

Son instinct la trahit, mais ne la trompe pas.

La Nature, *souriant*.

Il peut au moins la compromettre.

Le Génie du Feu, *à l'Ombre de Spinette*.

Et vous dont les regards causeront cent débats ?

L'Ombre, *avec feu*.

Je voudrais.. Je voudrais... Je voudrais tout soumettre.

Le Genie du Feu.

O ! Nature !

La Nature, *souriant*.

J'ai tort ; devant vous j'ai trahi
Sur ses plus doux secrets mon sexe favori.

LE GENIE DU FEU, *à l'Ombre d'Astasie.*

Mais vous, jeune beauté, qui semblez animée,
Voudriez-vous à tous donner aussi la loi ?

L'OMBRE.

Que je sois seulement aimée !
Il n'est que ce bonheur pour moi.

LA NATURE.

Tu le seras, sous le nom d'Astasie,
Et Tarare obtiendra ta foi.

L'OMBRE, *émue, la main sur son cœur.*

Tarare !

LA NATURE.

Je te fais un sort digne d'envie.

L'OMBRE.

Je n'en sais rien.

LA NATURE.

Moi, je le sais pour toi.

LE GENIE DU FEU.

Voyez quelle rougeur à ce nom l'a saisie !

LA NATURE, *au Genie.*

Qu'un jeune cœur mal aisément
Voile son trouble au doux moment

Où l'amour va s'en rendre maître !
Moi-même, après de longs hivers,
Quand vous ranimez l'Univers,
Mes premiers soupirs font renaître
Les fleurs qui parfument les airs.

Le Genie du Feu, *montrant les deux ombres d'Atar et de Tarare.*

Que sont ces deux superbes Ombres
Qui semblent menacer, taciturnes et sombres ?

La Nature.

Rien ; mais dites un mot, assignant leur état :
Je fais un Roi de l'une, et de l'autre un Soldat.

Le Genie du Feu.

Permettez ; ce grand choix les touchera peut-être.

La Nature.

J'en doute.

Le Genie du Feu, *aux deux Ombres.*

Un de vous deux est Roi : lequel veut l'être ?

L'Ombre d'Atar.

Roi ?

L'Ombre de Tarare.

Roi ?

Tous deux.

Je ne m'y sens aucun empressement.

La Nature.

Enfans, il vous manque de naître,
Pour penser bien différemment.

Le Genie du Feu *les examine.*

Mon œil, entr'eux, cherche un Roi préférable ;
Mais que je crains mon jugement!
Nature, l'erreur d'un moment
Peut rendre un siecle misérable!

La Nature, *aux deux Ombres.*

Futurs mortels, prosternez-vous :
Avec respect, attendez en silence
Le rang qu'avant votre naissance
Vous allez recevoir de nous.

(*Les deux Ombres se prosternent, et, pendant que le Genie hésite dans son choix, toutes les Ombres curieuses chantent le chœur suivant, en les enveloppant.*)

Chœur des Ombres.

Quittons nos jeux, accourons tous :
Deux de nos frères à genoux
Reçoivent l'arrêt de leur vie.

Le Genie du Feu *impose les mains à l'une des deux Ombres.*

Sois l'Empereur Atar ; despote de l'Asie,
Règne à ton gré dans le Palais d'Ormus.
    (*A l'autre Ombre.*)
Et toi, Soldat, formé de parens inconnus,
Gémis long-tems de notre fantaisie.

La Nature.

Vous l'avez fait Soldat, mais n'allez pas plus loin;
C'est *Tarare*. Bientôt vous serez le témoin
    De leur dissemblance future.

  (*Aux deux Ombres.*)

Enfans, embrassez-vous : égaux par la nature,
Que vous en serez loin dans la Société !
De la grandeur altière à l'humble pauvreté,
Cet intervalle immense est désormais le vôtre;
A moins que de Brama la puissante bonté,
    Par un décret prémédité,
    Ne vous rapproche l'un de l'autre,
Pour l'exemple des Rois et de l'humanité.

Quatre Ombres principales en Chœur.

    O bienfaisante Déité !
    Ne souffrez pas que rien altère
    Notre touchante égalité;
    Qu'un homme commande à son frère !

Toutes les Ombres en Chœur.

    O bienfaisante Déité !
    Ne souffrez pas que rien altère
    Notre touchante égalité;
    Qu'un homme commande à son frère !

(*L'Ombre d'Atar seule ne chante pas, et s'éloigne avec hauteur; le Genie du Feu la fait remarquer à la Nature.*)

La Nature, *au Genie du Feu.*

C'est assez. Éteignons en eux

Ce germe d'une grande idée,
Faite pour des climats et des tems plus heureux.

(*A toutes les Ombres.*)

Tels qu'une vapeur élancée,
Par le froid en eau condensée,
Tombe et se perd dans l'Océan,
Futurs mortels, rentrez dans le néant.
Disparaissez.

(*Au Genie du Feu.*)

Et nous, dont l'essence profonde
Dévore l'espace et le tems,
Laissons en un clin d'œil écouler quarante ans;
Et voyons-les agir sur la scène du monde.

(*La Nature et le Genie du Feu s'élèvent dans les nuages, dont la masse redescend et couvre toute la scène.*)

CHŒUR d'Esprits aeriens.

Gloire à l'éternelle Sagesse,
Qui, créant l'immortel amour,
Voulut que par sa seule ivresse,
L'être sensible obtînt le jour.

Fin du Prologue.

ACTEURS.

LE GENIE qui préside à la Reproduction des Etres, ou LA NATURE. — *Mlle Joinville.*

LE GENIE DU FEU, qui préside au Soleil, amant de la Nature. — *M. Chardini.*

ATAR, Roi d'Ormus, homme féroce et sans frein. — *M. Chéron.*

TARARE, Soldat à son service, revéré pour ses grandes vertus. — *M. Lainez.*

ASTASIE, femme de Tarare, épouse aussi tendre que pieuse. — *Mlle Maillard.*

ARTHENÉE, Grand-Prêtre de Brama, mécréant dévoré d'orgueil et d'ambition. — *M. Chardini.*

ALTAMORT, Général d'armée, fils du Grand-Prêtre, jeune homme imprudent et fougueux. — *M. Châteaufort.*

URSON, Capitaine des Gardes d'Atar, homme brave et plein d'honneur. — *M. Moreau.*

CALPIGI, Chef des Eunuques, Esclave Européan, Chanteur sorti des Chapelles d'Italie, homme sensible et gai. — *M. Rousseau.*

SPINETTE, Esclave Européanne, femme de Calpigi, Cantatrice Napolitaine, intrigante et coquette. — *Mlle Gavaudan, c.*

ELAMIR, jeune enfant des Augures, naïf et très-dévoué. — *M. Carbonel.*

PRÊTRE DE BRAMA.
UN ESCLAVE.
UN EUNUQUE.
} *M. Le Roux, c.*

UNE BERGERE.   *Mlle Gavaudan, l.*

UN PAYSAN.   *M. Dessaules.*

VISIRS.

EMIRS.

PRETRES de la vie, *en blanc.*

PRETRES de la mort, *en noir.*

ESCLAVES des deux Sexes du Sérail.

MILICE de la Garde d'Atar.

SOLDATS.

PEUPLE nombreux.

La Scène est dans le Palais d'Atar, dans le Temple de Brama, sur la Place de la Ville d'Ormus, en Asie, près du Golphe Persique.

TARARE

ACTE PREMIER.

Nouvelle ouverture, d'un genre absolument différent de la première.

(*Les nuages qui couvrent le Théâtre s'élèvent; on voit une Salle du Palais d'Atar.*)

SCENE PREMIERE.

ATAR, CALPIGI.

ATAR, *en entrant, violemment.*

Laisse-moi, Calpigi!

CALPIGI.

La fureur vous égare.
Mon maître! ô Roi d'Ormus! grace, grace à Tarare.

Atar.

Tarare ! encor *Tarare !* un nom abject et bas
Pour ton organe impur a donc bien des appas ?

Calpigi.

Quand sa troupe nous prit, au fond d'un antre sombre,
Je défendais mes jours contre ces inhumains,
Blessé, prêt à périr, accablé par le nombre,
Cet homme généreux m'arracha de leurs mains.
Je lui dois d'être à vous : Seigneur, faites-lui grace.

Atar.

Qui ! moi ! je souffrirais qu'un Soldat eût l'audace
D'être toujours heureux, quand son Roi ne l'est pas !

Calpigi.

A travers le torrent d'Arsace,
Il vous a sauvé du trépas,
Et vous l'avez nommé Chef de votre Milice.

Atar.

Ah ! combien je l'ai regretté !
Son orgueilleuse humilité,
Le respect d'un peuple hébêté,
Son air, jusqu'à son nom... Cet homme est mon supplice.
Où trouve-t-il, dis-moi, cette félicité ?
Est-ce dans le travail, ou dans la pauvreté ?

Calpigi.

Dans son devoir. Il sert avec simplicité
Le Ciel, les Malheureux, la Patrie et son Maître.

ATAR.

Lui ? c'est un humble fastueux,
Dont l'orgueil est de le paraître :
L'honneur d'être cru vertueux
Lui tient lieu du bonheur de l'être.
Il n'a jamais trompé mes yeux !

CALPIGI.

Vous tromper, lui, Tarare ?

ATAR.

Ici la loi des Brames,
Permet à tous un grand nombre de femmes ;
Il n'en a qu'une, et s'en croit plus heureux.
Mais nous l'aurons, cet objet de ses vœux ;
En la perdant il gémira peut-être.

CALPIGI.

Il en mourra !

ATAR.

Tant mieux. Oui, le fils du Grand-Prêtre,
Altamort, a reçu mon ordre cette nuit.
Il vole à la rive opposée,
Avec sa troupe déguisée :
En son absence, il va dévaster son réduit.
Il ravira sur-tout son Astasie,
Ce miracle, dit-on, des beautés de l'Asie.

CALPIGI.

Eh ! quel est donc son crime, hélas ?

ATAR.

D'être heureux, Calpigi, quand son Roi ne l'est pas ;
De faire par-tout ses conquêtes
Des cœurs que j'avais autrefois...

CALPIGI.

Ah ! pour tourner toutes les têtes,
Il faut si peu de chose aux Rois !

ATAR.

D'avoir, par un manége habile,
Entraîné le peuple imbécile.

CALPIGI.

Il est vrai, son nom adoré,
Dans la bouche de tout le monde,
Est un proverbe révéré.
Parle-t-on des fureurs de l'onde,
Ou du fléau le plus fatal,
Tarare! est l'écho général :
Comme si ce nom secourable
Éloignait, rendait incroyable
Le mal, hélas ! le plus certain...

ATAR, *en colère.*

Finiras-tu, méprisable Chrétien ?
Eunuque vil et détestable,
La mort devrait...

CALPIGI.

La mort, la mort, toujours la mort !
Ce mot éternel me désole :
Terminez une fois mon sort,
Et puis cherchez qui vous console
Du triste ennui de la satiété,
De l'oisiveté,
De la Royauté.

(*Il s'éloigne.*)

ATAR.

Je punirai cet excès d'arrogance.

SCENE II.

LES PRÉCÉDENS, ALTAMORT.

ATAR.

Mais qu'annonce Altamort à mon impatience?

ALTAMORT.

Mon Maître est obéi; tout est fait, rien n'est su.

ATAR.

Astasie?

ALTAMORT.

Est à toi, sans qu'on m'ait apperçu,
Sans qu'elle ait deviné qui la veut, qui l'enlève.

ATAR.

Au rang de mes Visirs, Altamort, je t'élève.
(*A Calpigi.*)
Pour la bien recevoir sont-ils tous préparés ?
Le Serrail est-il prêt, les jardins décorés,
Calpigi ?

CALPIGI.

Tout, Seigneur.

ATAR.

Qu'une superbe fête,
Demain, de ma grandeur enivre ma conquête.

CALPIGI.

Demain ? le terme est court !

ATAR, *en colère*.

Malheureux !

CALPIGI, *vîte*.

Vous l'aurez.

ATAR.

J'ai parlé : tu m'entends ? S'il manque quelque chose...

CALPIGI.

Manquer ! chacun sait trop à quel mal il s'expose.

SCENE III.

Tous les Acteurs précédens, SPINETTE, ODALISQUES, ESCLAVES DU SERRAIL des deux sexes.

Tout le Serrail entre et se range en haie; quatre Esclaves noirs portent Astasie couverte d'un grand voile noir, de la tête aux pieds.

(On la dépose au milieu de la Salle.)

Chœur d'Esclaves du Serrail.

(On danse pendant le Chœur.)

Dans les plus beaux lieux de l'Asie,
Avec la suprême grandeur,
L'amour met aux pieds d'Astasie
Tout ce qui donne le bonheur.
Ce n'est point dans l'humble retraite
Qu'un cœur généreux le ressent;
Et la beauté la plus parfaite
Doit régner sur le plus puissant.

(On la dévoile.)

ATAR.

Que tout s'abaisse devant elle.

(On se prosterne.)

ASTASIE.

O sort affreux, dont l'horreur me poursuit!
Du sein d'une profonde nuit

Quelle clarté triste et nouvelle!...
Où suis-je? Tout mon corps chancelle.

SPINETTE.

Dans le Palais d'Atar.

ATAR.

Calpigi, qu'elle est belle!

ASTASIE, *se levant.*

Dans le Palais d'Atar! Ah! quelle indignité!

ATAR *s'approche.*

D'Atar qui vous adore.

ASTASIE.

Et c'est la récompense,
O mon époux! de ta fidélité!

ATAR.

Mes bienfaits laveront cette légère offense.

ASTASIE.

Quoi, cruel! par cet attentat
Vous payez la foi d'un Soldat
Qui vous a conservé la vie!
Vous lui ravissez Astasie!
(*Levant les mains au Ciel.*)
Grand Dieu! ton pouvoir infini

TARARE.

Laissera-t-il donc impuni
Ce crime atroce d'un parjure
Et la plus odieuse injure !
O Brama ! Dieu vengeur !...

(*Elle s'évanouit. Des femmes la soutiennent. On l'assied.*)

CALPIGI.

Quel effrayant transport !

UN ESCLAVE, *accourant.*

Le voile de la mort a couvert sa paupière.

ATAR *tire son poignard.*

Quoi ! malheureux ! tu m'annonces sa mort !
Meurs toi-même. (*Il le poignarde*.*)

(*Courant vers Astasie.*)

Et vous tous, rendez à la lumière
L'objet de mon funeste amour.
A sa douleur tremblez qu'il ne succombe ;
Répondez-moi de son retour,
Ou je lui fais de tous un horrible hécatombe.

ASTASIE, *revenant à elle, apperçoit l'esclave renversé, qu'on enlève.*

Dieux ! quel spectacle a glacé mes esprits !

ATAR.

Je suis heureux, vous êtes ranimée.

---
* Lisez Chardin et les autres Voyageurs.

Un lâche Esclave par ses cris
M'alarmait sur ma bien-aimée ;
De son vil sang la terre est arrosée :
Un coup de poignard est le prix
De la frayeur qu'il m'a causée.

ASTASIE, *joignant les mains.*

O Tarare! ô Brama! Brama!

(*Elle retombe ; on l'assied.*)

ATAR.

Dans le Serrail qu'on la transporte ;
Que cent Eunuques, à sa porte,
Attendent les ordres d'Irza*.
C'est le doux nom qu'à ma belle j'impose ;
C'est mon Irza, plus fraîche que la rose
Que je tenais lorsqu'elle m'embrasa.

(*Les Esclaves noirs portent Astasie dans le Serrail ; tous la suivent.*)

---

* Le nom d'Irza signifie : *La plus belle fleur des plus belles fleurs écloses aux premiers soleils du printems de l'Orient de l'Asie* : tant les langues orientales ont d'avantages sur les nôtres. Lisez les Mille et une Nuits et tous les Contes Arabes.

SCENE IV.

ATAR, CALPIGI, ALTAMORT, SPINETTE.

CALPIGI, *au Sultan.*

Qui voulez-vous, Seigneur, auprès d'elle qu'on mette?

ATAR.

L'Européanne ; allez.

CALPIGI.

L'intrigante Spinette ?

ATAR.

Elle-même.

CALPIGI.

En effet, nulle ici ne sait mieux
Comment il faut réduire un cœur né scrupuleux.

SPINETTE, *au Roi.*

Oui, Seigneur, je veux la réduire,
　　Vous livrer son cœur et l'instruire
Du respect, du retour, qu'elle doit à vos feux.
　(*Montrant Calpigi.*)
　　　Et... si ce grand succès consterne
　　　　Le Chef... puissant qui nous gouverne,
Mon Maître apprécîra le zèle de tous deux.

ATAR.

Je l'enchaîne à tes pieds si tu remplis mes vœux.

(*Spinette et Calpigi sortent en se menaçant.*)

SCENE V.

URSON, ATAR, ALTAMORT, ESCLAVES.

URSON.

Seigneur, c'est ce Guerrier, du Peuple la merveille...

ATAR.

Garde-toi que son nom offense mon oreille !

URSON.

Il pleure; autour de lui tout le Peuple empressé
Dit tout haut qu'en ses vœux il doit être exaucé.

ATAR.

Tu dis qu'il pleure, qu'il soupire?

URSON.

Ses traits en sont presqu'effacés.

ATAR.

Urson, qu'il entre, c'est assez.
(*A Altamort.*)
Il est malheureux... Je respire !
(*Urson sort.*)

SCENE VI.

TARARE, ALTAMORT, ATAR.

ATAR.

Que me veux-tu, brave Soldat ?

TARARE, *avec un grand trouble.*

O mon Roi ! prends pitié de mon affreux état.
En pleine paix, un avare Corsaire
Comble sur moi les horreurs de la guerre.
Tous mes jardins sont ravagés,
Mes Esclaves sont égorgés,
L'humble toit de mon Astasie
Est consumé par l'incendie...

ATAR.

Grace au Ciel, mes sermens vont être dégagés !
Soldat qui m'as sauvé la vie,
Reçois en pur don ce Palais

Que dix mille Esclaves Malais
Ont construit d'ivoire et d'ébène ;
Ce Palais, dont l'aspect riant
Domine la fertile plaine
Et la vaste Mer d'Orient.
Là, cent femmes de Circassie,
Pleines d'attraits et de pudeur,
Attendront l'ordre de ton cœur,
Pour t'enivrer des trésors de l'Asie.
Puisse de ton bonheur l'envieux s'irriter ?
Puisse l'infame calomnie
Pour te perdre en vain s'agiter !*...

ALTAMORT, *bas.*

Mais, Seigneur, ta hautesse oublie...

ATAR, *bas.*

Je l'élève, Altamort, pour le précipiter.

(*Haut.*)

Allez, Visir, que l'on publie...

TARARE.

O mon Roi ! ta bonté doit se faire adorer.
Des maux du sort mon ame est peu saisie,
Mais celui de mon cœur ne peut se réparer ;
Le barbare emmène Astasie.

ATAR, *avec un signe d'intelligence.*

Quelle est cette femme, Altamort ?

---

* Ces deux vers ont été ajoutés après coup.

ALTAMORT.

Seigneur, si j'en crois son transport,
Quelqu'Esclave jeune et jolie.

TARARE, *indigné.*

Une Esclave! une Esclave! excuse, ô Roi d'Ormus!
A ce nom odieux tous mes sens sont émus.

Astasie est une Déesse.
Dans mon cœur souvent combattu,
Sa voix sensible, enchanteresse,
Fesait triompher la vertu.

D'une ardeur toujours renaissante,
J'offrais sans cesse à sa beauté,
Sans cesse à sa beauté touchante,
L'encens pur de la volupté.

Elle tenait mon ame active
Jusques dans le sein du repos :
Ah! faut-il que ma voix plaintive
En vain la demande aux échos?

ATAR.

Quoi! Soldat! pleurer une femme!
Ton Roi ne te reconnaît pas.
Si tu perds l'objet de ta flamme,
Tout un Serrail t'ouvre ses bras.
Faut-il regretter quelques charmes,
Quand on retrouve mille attraits?
Mais l'honneur qu'on perd dans les larmes,
On ne le retrouve jamais.

TARARE, *suppliant.*

Seigneur!

ATAR.

Qu'as-tu donc fait de ton mâle courage?
Toi qu'on voyait rugir dans les combats;
Toi qui forças un torrent à la nage,
En transportant ton maître dans tes bras!
Le fer, le feu, le sang et le carnage
N'ont jamais pu t'arracher un soupir;
Et l'abandon d'une Esclave volage
Abbat ton ame et la force à gémir!

TARARE, *vivement.*

Seigneur, si j'ai sauvé ta vie,
Si tu daignes t'en souvenir,
Laisse-moi venger Astasie
Du traître qui l'osa ravir.
Permets que, déployant ses aîles,
Un léger vaisseau de transport
Me mène, vers ces infidèles,
Chercher Astasie ou la mort.

SCENE VII.

CALPIGI, ATAR, ALTAMORT, TARARE.

ATAR.

Que veux-tu, Calpigi?
(*Bas.*)
Sois inintelligible.

CALPIGI.

Mon Maître, cette Irza si chère à ton amour.....

ATAR, *vivement*.

Hé bien?

CALPIGI.

Elle est rendue à la clarté du jour.

TARARE, *exalté*.

Atar, ta grande ame est sensible;
La joie a brillé dans tes yeux.
(*Un genou en terre.*)
Par cette Irza, Sultan, sois généreux;
A mes maux deviens accessible.

ATAR.

Dis-moi, Tarare, es-tu bien malheureux?

Tarare.

Si je le suis! ah! peut-être elle expire!

Atar.

Souhaite devant moi qu'Irza cède à mes vœux,
    Je fais ce que ton cœur desire.

Calpigi, *à part.*

Grands Dieux! je sers un homme affreux!

Tarare, *se levant, dit avec feu.*

Charmante Irza, qu'est-ce donc qui t'arrête?
Le fils des Dieux n'est-il pas ta conquête?
    Puisse-t-il trouver dans tes yeux
    Ce pur feu dont il étincelle!
    Rends, Irza, rends mon Maître heureux...

(*Calpigi lui fait un signe négatif pour qu'il n'achève pas son vœu.*)

... Si tu le peux sans être criminelle.

Atar.

Brave Altamort, avant le point du jour,
    Demain qu'une escadre soit prête
    A partir du pié de la tour.
    Suis mon soldat, sers son amour
    Dans les combats, dans la tempête.

(*Bas à Altamort.*)

    S'il revoit jamais ce séjour,
    Tu m'en répondras sur ta tête.

(*A Tarare.*)

Et toi, jusqu'à cette conquête,
De tout service envers ton Roi,
Soldat, je dégage ta foi :
J'en jure par Brama.

TARARE, *la main au sabre.*

Je jure, en sa présence,
De ne poser ce fer sanglant
Qu'après avoir du plus lâche brigand
Puni le crime et vengé mon offense.

ATAR, *à Altamort.*

Tu viens d'entendre son serment :
Il touche à plus d'une existence.
Vole, Altamort, et, plus prompt que le vent,
Reviens jouir de ma reconnaissance.

ALTAMORT.

Noble Roi, reçois le serment
De ma plus prompte obéissance.
Commande, Atar ; je cours aveuglément
Servir l'amour, la haine ou la vengeance.

CALPIGI, *à part.*

De son danger, secretement,
Il faut lui donner connaissance.

(*Atar le regarde. Calpigi dit d'un ton courtisan.*)

Qui sert mon Maître, et le sert prudemment,
Peut bien compter sur sa munificence.

(*Ils sortent tous.*)

SCENE VIII.

ATAR, seul.

Vertu farouche et fière,
Qui jettais trop d'éclat,
Rentre dans la poussière
Faite pour un Soldat.
Du crime d'Altamort je vois la mer chargée,
Rendre à ton corps sanglant les funèbres honneurs.
Et nous, heureux Atar, de ma belle affligée,
Dans la joie et l'amour, nous secherons les pleurs.

(Il sort.)

FIN DU PREMIER ACTE.

ACTE II

Le Théâtre représente la Place publique.
Le Palais d'Atar est sur le côté; le Temple de Brama,
dans le fond.
Atar sort de son Palais avec toute sa suite.
Urson sort du Temple, suivi d'Arthenée en habits pontificaux.

SCENE PREMIERE.

URSON, ATAR.

Urson.

Seigneur, le Grand-Prêtre Arthenée
Demande un entretien secret.

Atar, *à sa suite.*

Éloignez-vous... Qu'il vienne. Urson, que nul sujet,
Dans cette agréable journée,
D'un seul refus d'Atar n'emporte le regret.

SCENE II.

ARTHENÉE, ATAR. *Tout le monde s'éloigne du Roi.*

ARTHENÉE *s'avance.*

Les Sauvages d'un autre monde
Menacent d'envahir ces lieux;
Au loin déjà la foudre gronde :
Ton peuple superstitieux,
Pressé comme les flots, inonde
Le parvis sacré de nos Dieux.

ATAR.

De vils brigands une poignée,
Sortant d'une terre éloignée,
Pourrait-elle envahir ces lieux ?
Pontife, votre âme étonnée...
Cependant parlez, Arthenée;
Que dit l'Interprète des Dieux?

ARTHENÉE, *vivement.*

Qu'il faut combattre,
Qu'il faut abbattre
Un ennemi présomptueux;
Le sol aride
De la Torride
A soif de son sang odieux.

Par des mesures
Promptes et sures,
Que l'Armée ait un Commandant,
Vaillant, fidèle,
Rempli de zèle ;
Mais, sur ce devoir important,
Que le caprice
De ta milice
Ne règle point le choix d'Atar ;
Que le murmure,
Comme une injure,
Soit puni d'un coup de poignard.

ATAR.

Apprends-moi donc, ô Chef des Brames !
Ce qu'Atar doit penser de toi,
Ardent zélateur de la Foi
Du passage éternel des âmes ?
Le plus vil animal est nourri de ta main ;
Tu craindrais d'en purger la terre,
Et cependant tu brûles, dans la guerre,
De voir couler des flots de sang humain !

ARTHENÉE.

Ah ! d'une antique absurdité
Laissons à l'Indou les chimères.
Brame et Soudan doivent en frères
Soutenir leur autorité.
Tant qu'ils s'accordent bien ensemble,
Que l'esclave ainsi garrotté
Souffre, obéit, et croit, et tremble,
Le pouvoir est en sureté.

ATAR.

Dans ta politique nouvelle,
Comment mes intérêts sont-ils unis aux tiens?

ARTHENÉE.

Ah! si ta couronne chancelle,
Mon Temple, à moi, tombe avec elle.
Atar, ces farouches Chrétiens
Auront des Dieux jaloux des miens :
Ainsi qu'au Trône, tout partage
En fait de culte est un outrage.
Pour les dompter, fais que nos Indiens
Pensent que le Ciel même a conduit nos mesures :
Le nom du Chef, dont nous serons d'accord,
Je l'insinue aux enfans des Augures.
Qui veux-tu nommer?

ATAR.

Altamort.

ARTHENÉE.

Mon fils!

ATAR.

J'acquitte un grand service.

ARTHENÉE.

Que devient Tarare?

ATAR.

Il est mort.

ARTHENÉE.

Il est mort?

ATAR.

Oui, demain, j'ordonne qu'il périsse.

ARTHENÉE.

Juste ciel! crains, Atar...

ATAR.

Quoi craindre? mes remords?

ARTHENÉE.

Crains de payer de ta Couronne
Un attentat sur sa personne.
Ses Soldats seraient les plus forts.
Si, sur un prétexte frivole,
Tu les prives de leur idole,
Cette Milice, en sa fureur,
Peut, oubliant ton rang et ta naissance...

ATAR.

J'ai tout prévu; Tarare, dans l'erreur,
Court à sa perte en cherchant la vengeance.

Qu'une grande solemnité
Rassemble ce peuple agité;
De ses cris et de ses murmures
Montre-lui le Ciel irrité.
Prépare ensuite les Augures,

Et par d'utiles impostures
Consacrons notre autorité.

(*Il sort.*)

SCENE III.

ARTHENÉE *seul.*

O politique consommée!
Je tiens le secret de l'État,
Je fais mon fils chef de l'Armée;
A mon Temple je rends l'éclat,
Aux Augures leur renommée.
Pontifes, Pontifes adroits!
Remuez le cœur de vos Rois.
    Quand les Rois craignent,
    Les Brames règnent;
La Thiare aggrandit ses droits.
Eh! qui sait si mon fils, un jour maître du monde!...

(*Il voit arriver Tarare; il rentre dans le Temple.*)

SCENE IV.

TARARE, *seul.* (*Il rêve.*)

De quel nouveau malheur suis-je encor menacé?
O Brama! tire-moi de cette nuit profonde.
    Ce matin, quand j'ai prononcé :
    Qu'à son amour Irza réponde,
    Un signe effrayant m'a glacé.....
De quel nouveau malheur suis-je encor menacé?
O Brama! tire-moi de cette nuit profonde.

SCENE V.

CALPIGI, TARARE.

Calpigi, *déguisé, couvert d'une cape, l'ouvre.*

Tarare! connais-moi.

Tarare.

Calpigi!

Calpigi, *vivement.*

                  Mon héros!
Je te dois mon bonheur, ma fortune et ma vie.

Que ne puis-je à mon tour te rendre le repos !
  Cette belle et tendre Astasie,
  Que tu vas chercher au hasard
  Sur le vaste Océan d'Asie,
  Elle est dans le Serrail d'Atar,
Sous le faux nom d'Irza...

TARARE.

Qui l'a ravie ?

CALPIGI.

C'est Altamort.

TARARE.

O lâche perfidie !

CALPIGI.

Le golphe où nos Plongeurs vont chercher le corail
  Baigne les jardins du Serrail ;
 Si, dans la nuit, ton courage inflexible
Ose de cette route affronter le danger,
  De soie une échelle invisible,
  Tendue à l'angle du verger...

TARARE.

Ami généreux, secourable...

CALPIGI.

Le Temple s'ouvre, adieu.
     (*Il s'enveloppe et s'enfuit.*)

SCENE VI.

TARARE *seul.*

      J'irai!
  Oui, j'oserai;
 Pour la revoir je franchirai
 Cette barrière impénétrable.
 De ton repaire, affreux Vautour!
 J'irai l'arracher morte ou vive.
  Et si je succombe au retour,
Ne me plains pas, Tyran, quoi qu'il m'arrive :
  Celui qui te sauva le jour
  A bien mérité qu'on l'en prive!

SCENE VII.

Le fond du Théâtre, qui représentait le portail du Temple de Brama, se retire et laisse voir l'intérieur du Temple, qui se forme jusqu'au devant du Théâtre.

ARTHENÉE, LES PRÊTRES DE BRAMA, ÉLAMIR
ET LES AUTRES ENFANS DES AUGURES.

ARTHENÉE, *aux Prêtres.*

Sur un choix important le Ciel est consulté.
Vous, préparez l'autel; vous, nos saintes Armures;
Vous, choisissez parmi les enfans des Augures

Celui pour qui Brama s'est plus manifesté,
En le douant d'un cœur plein de simplicité.

Un Prêtre.

C'est le jeune Elamir. Il vient à vous.

Elamir, *accourant*.

Mon père !

Arthenée *s'assied*.

Approchez-vous, mon fils ; un grand jour vous éclaire.
Croyez-vous que Brama vous parle par ma voix,
Et qu'il parle à moi seul ?

Elamir.

Mon père, oui, je le crois.

Arthenée, *sévèrement*.

Le Ciel choisit par vous un vengeur à l'Empire ;
Ne dites rien, mon fils, que ce qu'il vous inspire.

(*D'un ton caressant.*)

Ah ! s'il vous inspirait de nommer Altamort,
L'État serait vainqueur, il vous devrait son sort !

Elamir, *les mains croisées sur sa poitrine*.

Je l'en supplierai tant, mon père,
Qu'il me l'inspirera, j'espère.

Arthenée.

Moi, je l'espère aussi : priez-le avec transport.

(Elamir se prosterne.)

    Ainsi qu'une abeille,
    Qu'un beau jour éveille,
    De la fleur vermeille
    Attire le miel,
    Un enfant fidèle,
    Quand Brama l'appelle,
    S'il prie avec zèle,
    Obtient tout du Ciel.

     (Il relève l'enfant.)

Tout le Peuple, mon fils, sous nos voûtes arrive.
  Avant de nommer son vengeur,
Vous le ferez rougir de sa vaine terreur.
  Il croit les Chrétiens sur la rive ;
  Assurez-le qu'ils sont bien loin ;
Et du reste, mon fils, Brama prendra le soin.

SCENE VIII.

Grande Marche.

ATAR, ALTAMORT, TARARE, URSON, ARTHENÉE, ELAMIR, PRÊTRES, ENFANS, VISIRS, EMIRS, Suite, Peuple, Soldats, Esclaves.

Atar monte sur un trône élevé dans le Temple.

Arthenée, *majestueusement.*

Prêtres du grand Brama ! Roi du Golphe Persique !
Grands de l'Empire ! Peuple inondant le portique !
La Nation, l'Armée, attend un Général.

Chœur universel.

Pour nous préserver d'un grand mal,
Que le choix de Brama s'explique!

Arthenée.

Vous promettez tous d'obéir
Au Chef que Brama va choisir?

Chœur universel.

Nous le jurons sur cet autel antique.

Arthenée, *d'un air inspiré.*

Dieu sublime dans le repos,
Magnifique dans la tempête,
Soit que ton souffle élève aux cieux les flots,
Soit que ton regard les arrête,
Permets que le nom d'un héros,
Sortant d'une bouche innocente,
Devienne cher à ses rivaux
Et porte à l'ennemi le trouble et l'épouvante!

(*A Elamir.*)

Et vous, Enfant, par le Ciel inspiré,
Nommez, nommez sans crainte un héros préféré.

(*On élève Elamir sur des pavois.*)

Elamir, *avec enthousiasme.*

Peuple, que la terreur égare,
Qui vous fait redouter ces sauvages Chrétiens?

L'État manque-t-il de soutiens?
Comptez, aux pieds du Roi, vos défenseurs : Tarare...

Chœur subit du Peuple et des Soldats.

Tarare ! Tarare ! Tarare !
Ah ! pour nous Brama se déclare :
L'enfant vient de nommer Tarare.
Tarare ! Tarare ! Tarare !

Altamort, *en colère.*

Arrêtez ce fougueux transport.

Arthenée.

Peuple, c'est une erreur !

(*A Elamir.*)

Mon fils, que Dieu vous touche !

Elamir.

Le Ciel m'inspirait Altamort ;
Tarare est sorti de ma bouche.

Deux Coriphées de Soldats.

Par l'enfant Tarare indiqué
N'est point un hasard sans mystère.
Plus son choix est involontaire,
Plus le vœu du Ciel est marqué.
Oui, pour nous Brama se déclare :
L'enfant vient de nommer Tarare.

CHŒUR DU PEUPLE ET DES SOLDATS.

Tarare! Tarare! Tarare!
(On redescend Elamir)

ATAR *se lève.*

Tarare est retenu par un premier serment :
Son grand cœur s'est lié d'avance
A suivre une juste vengeance.

TARARE, *la main sur la poitrine.*

Seigneur, je remplirai le double engagement
De la vengeance et du commandement.

(Au Peuple.)

Qui veut la gloire
A la victoire
Vole avec moi.

TOUS.

C'est moi, c'est moi.

TARARE.

Sujets, Esclaves,
Que les plus braves
Donnent leur foi.

TOUS.

C'est moi, c'est moi.

TARARE.

Ni paix ni trêve,
L'horreur du glaive
Fera la loi.

TOUS.

C'est moi, c'est moi.

TARARE.

Qui veut la gloire
A la victoire
Vole avec moi.

TOUS.

C'est moi, c'est moi.

ATAR, *à part*.

Je ne puis soutenir la clameur importune
D'un Peuple entier sourd à ma voix.
(*Il veut descendre.*)

ALTAMORT *l'arrête*.

Ce choix est une injure à tous tes Chefs commune;
Il attaque nos premiers droits.
L'arrogant Soldat de fortune
Doit-il aux Grands dicter des loix?

TARARE, *fièrement*.

Apprends, fils orgueilleux des Prêtres,

Qu'élevé parmi des Soldats,
Tarare avait, au lieu d'Ancêtres,
Déjà vaincu dans cent combats;

(*Avec un grand dédain.*)

Qu'Altamort enfant, dans la plaine,
Poursuivait les fleurs des chardons,
Que les Zéphirs, de leur haleine,
Font voler au sommet des monts.

ALTAMORT, *la main au sabre.*

Sans le respect d'Atar, vil objet de ma haine...

TARARE, *bien dédaigneux.*

Du destin de l'État tu prétens décider!
Fougueux adolescent, qui veux nous commander,
Pour titre ici n'as-tu que des injures?
Quels ennemis t'a-t-on vu terrasser?
Quels torrens osas-tu passer?
Où sont tes exploits, tes blessures?

ALTAMORT, *en fureur.*

Toi qui de ce haut rang brûles de t'approcher,
Apprends que sur mon corps il te faudra marcher.

(*Il tire son sabre.*)

ARTHENÉE, *troublé.*

O désespoir! ô frénésie!
Mon fils!...

ALTAMORT, *plus furieux.*

A ce brigand j'arracherai la vie.

TARARE, *froidement.*

Calme ta fureur, Altamort.
Ce sombre feu, quand il s'allume,
Détruit les forces, nous consume :
Le Guerrier en colère est mort.

(*Il tire son sabre.*)

ARTHENÉE *s'écrie.*

Le temple de nos Dieux est-il donc une arène?

ATAR *se lève.*

Arrêtez.

TARARE.

J'obéis...

(*A Altamort, lui prenant la main.*)

Toi, ce soir, à la plaine.

(*A Calpigi, à part, pendant qu'Atar descend de son trône.*)

Et toi, fidèle ami, sans fanal et sans bruit,
Au verger du Serrail attends-moi cette nuit.

ATAR *lui remet le bâton de commandement, au bruit d'une fanfare.*

Grande Marche pour sortir.

CHŒUR GENERAL *sur le Chant de la Marche.*

Brama! si la vertu t'est chère,

Si la voix du Peuple est ta voix,
Par des succès soutiens le choix
Que le Peuple entier vient de faire.
Que sur ses pas
Tous nos soldats
Marchent d'une audace plus fière!
Que l'ennemi, triste, abattu,
Par son aspect déja vaincu,
Sous nos coups morde la poussière!

FIN DU SECOND ACTE.

ACTE III

Le Théâtre représente les jardins du Sérail ; l'appartement d'Irza est à droite ; à gauche, et sur le devant, est un grand sopha sous un dais superbe, au milieu d'un parterre illuminé. Il est nuit.

SCENE PREMIERE.

CALPIGI *entre d'un côté;* ATAR, URSON, *entrent de l'autre ;* DES JARDINIERS *ou* BOSTANGIS *qui allument.*

CALPIGI, *sans voir Atar.*

Les jardins éclairés ! des Bostangis ! pourquoi ?
Quel autre ose au Serrail donner des ordres ?...

ATAR, *lui frappant sur l'épaule.*

Moi.

CALPIGI, *troublé.*

Seigneur,... puis-je savoir ?...

ATAR.

Ma fête à ce que j'aime?

CALPIGI.

Est fixée à demain; Seigneur, c'est votre loi.

ATAR, *brusquement.*

Moi, je la veux à l'instant même.

CALPIGI.

Tous mes Acteurs sont dispersés.

ATAR, *plus brusquement.*

Du bruit autour d'Irza; qu'on danse, et c'est assez.

CALPIGI *à part, avec douleur.*

O l'affreux contre-tems! De cet ordre bizarre,
Il n'est aucun moyen de prévenir Tarare!

ATAR, *l'examinant.*

Quel est donc ce murmure inquiet et profond?

CALPIGI *affecte un air gai.*

Je dis... qu'on croira voir ces spectacles de France
Où tout va bien, pourvu qu'on danse.

ATAR, *en colère.*

Vil Chrétien! obéis, ou ta tête en répond!

CALPIGI *à part, en s'en allant.*

Tyran féroce!
(*Les Bostangis se retirent.*)

SCENE II.

ATAR, URSON.

ATAR.

Avant que ma fête commence,
Urson, conte-moi promptement
Le détail et l'évènement
De leur combat à toute outrance.

URSON.

Tarare seul arrive au rendez-vous.
    Par quelques passes dans la plaine,
    Il met son cheval en haleine
Et vient converser avec nous.
Sa contenance est noble et fière.
    Un long nuage de poussière
S'avance du côté du Nord;

On croit voir une armée entière :
C'est l'impétueux Altamort.
D'Esclaves armés un grand nombre,
Au galop, à peine le suit.
Son aspect est farouche et sombre
Comme les spectres de la nuit.
D'un œil ardent mesurant l'adversaire :
« Du vaincu décidons le sort.
Ma loi, dit Tarare, est la mort. »
L'un sur l'autre à l'instant fond comme le tonnerre.
Altamort pare le premier.
Un coup affreux de cimeterre
Fait voler au loin son cimier.
    L'acier étincelle,
    Le casque est brisé,
    Un noir sang ruisselle.
    Dieux ! je suis blessé !
Plus furieux que la tempête,
    A plomb sur la tête
    Le coup est rendu.
    Le bras tendu,
      Tarare
      Pare...
Et tient en l'air le trépas suspendu.

ATAR.

Je vois qu'Altamort est perdu.

URSON.

Aveuglé par le sang, il s'agite, il chancelle.
    Tarare, courbé sur la selle,

Pique en avant. Son fier coursier,
Sentant l'aiguillon qui le perce,
S'élance, et du poitrail renverse
Et le cheval et le guerrier.
Tarare à l'instant saute à terre,
Court à l'ennemi terrassé :
Chacun frémit, le cœur glacé,
Du terrible droit de la guerre...
O! d'un noble ennemi, saint et sublime effort!

ATAR, *en colère.*

Achève donc.

URSON.

« Ne crains rien, superbe Altamort :
Entre nous la guerre est finie.
Si le droit de donner la mort
Est celui d'accorder la vie,
Je te la laisse de grand cœur.
Pleure long-tems ta perfidie. »

ATAR.

Sa perfidie?

URSON.

Il s'en éloigne avec douleur.

ATAR.

Il est instruit.

URSON.

Inutile et vaine faveur!

Celui dont les armes trop sures
Ne firent jamais deux blessures
A peine, hélas! se retirait,
Que son adversaire expirait.

ATAR.

Par-tout il a donc l'avantage !
Ah ! mon cœur en frémit de rage !
Quand, par le combat, Altamort
Voulut hier régler leur sort,
Urson, je sentais bien d'avance
    Qu'il allait de sa mort
    Payer cette imprudence.
Sans les clameurs d'un père épouvanté,
    Le temple était ensanglanté ;
Mais son pouvoir força le nôtre
D'arrêter un crime opportun
Qui m'offrait, dans la mort de l'un,
Un prétexte pour perdre l'autre.

(Il voit entrer les Esclaves.

Tout le Serrail ici porte ses pas.
  Retire-toi ; que cette affreuse image,
  Se dissipant comme un nuage,
Fasse place aux plaisirs et ne les trouble pas.

(Urson sort.)

SCENE III.

ATAR, ASTASIE *en habit de Sultane, soutenue par des Esclaves, son mouchoir sur les yeux;* SPINETTE, CALPIGI, EUNUQUES, ESCLAVES *des deux sexes.*

ATAR *fait asseoir Astasie sur le grand sopha, près de lui et dit au Chef des Eunuques:*

Calpigi, quel spectacle ai-je pour ma Sultane?

CALPIGI.

C'est une fête Européane.
Ainsi, quand l'un des Rois de ces puissans Etats
Ordonne qu'on amuse une Reine adorée,
    Des jeux brillans, des mœurs de vos climats,
    Sa noble fête à l'instant est parée.

(*A part.*)

    Tarare n'est point prévenu :
    S'il arrivait, il est perdu.

SCENE IV.

Les Acteurs précédens, BERGERS Européans de Cour, *vêtus galemment en habits de taffetas, avec des plumes, ainsi que leurs Bergères, ayant des houlettes dorées.*

PAYSANS grossiers, *vêtus à l'Européane, ainsi que leurs Paysannes, mais très-simplement, tenant des instrumens aratoires. Marche, dont le dessus léger peint le caractère des Bergers de Cour qui la dansent, et dont la basse peint la lourde gaîté des Paysans qui la sautent.*

Chœur d'Européans.

Peuple léger, mais généreux,
Nous blâmons les mœurs de l'Asie :
Jamais, dans nos climats heureux,
La beauté ne tremble asservie.

Chez nos maris, presqu'à leurs yeux,
Un galant en fait son amie,
La prend, la rend, rit avec eux,
Et porte ailleurs sa douce envie.

Peuple léger, mais généreux, etc.

Deux jeunes Seigneur et Dame de la Cour commencent une danse assez vive; deux jeunes Berger et Bergère de la campagne commencent en même tems un pas assez simple. Leur danse est interrompue par une Bergère coquette et une Bergère sensible.

Duo dialogué.

Spinette, *en Bergère coquette, aux Danseurs.*

Galans qui courtisez les belles,
Sachez brusquer un doux moment.

La Bergere *sensible.*

Amans qui soupirez pour elles,
Espérez tout du sentiment.

La Bergere *coquette.*

Toute occasion non saisie
S'échappe et se perd sans retour.

La Bergere *sensible.*

Sans retour pour la fantaisie;
Mais elle renaît pour l'amour.

(*Le pas des quatre Danseurs reprend et s'achève.*)

(*De vieux Seigneurs dansent vivement devant des Bergères modestes, en leur présentant des bouquets; des jeunes gens fatigués, appuyés sur leurs houlettes, se meuvent à peine devant de vieilles coquettes qui dansent à perdre haleine. Atar se lève et erre parmi les Danseurs.*)

Spinette, *en Bergère de Cour.*

Dans nos vergers délicieux,
Le mal, le mieux,

Tout se balance;
Et, si nos jeunes gens sont vieux,
Tous nos vieillards sont dans l'enfance.

PAYSAN *grossier*.

Chez nous point d'imposture;
Enfans de la nature,
Nos tendres soins
Sont pour les foins,
Et notre amour pour la pâture.

(*On danse.*)

SPINETTE, *en Bergère de Cour*.

Quand l'époux devient indolent,
Contre un galant
L'amour l'échange;
Et de ses volages desirs,
Par des plaisirs,
L'hymen se venge.

PAYSAN *grossier*.

Chez nous, jamais légère,
L'active ménagère
Pour favori
N'a qu'un mari;
Mais de ses fils chacun est père.

(*On danse.*)

SPINETTE, *en Bergère de Cour*.

Chez nous, sans bruit
On se détruit;

On brigue, on nuit,
Mais sans scandale.

PAYSAN *grossier, achevant le couplet.*

Ma foi, chez nous, tout ce qu'autrui
Te fait, fais-lui :
C'est la morale.

(*On danse.*)

ASTASIE, *pendant la danse.*

O mon Tarare ! ô mon époux !
Dans quel désespoir êtes-vous ?

(*Elle remet son mouchoir sur ses yeux ; la danse continue.*)

CHŒUR d'*Européans.*

Aux travaux mêlons la gaîté ;
Tout mal guérit par ses contraires
Nos loix ont de l'austérité,
Mais nos mœurs sont douces, légères.
Si le dur hymen est chez nous
Bien absolu, bien despotique,
L'amour, en secret, fait de tous
Une charmante république.

(*On danse.*)

ASTASIE, *les bras élevés pendant la Danse.*

Grands Dieux ! que la mort d'Astasie
L'arrache au Tyran de l'Asie !

(*La Danse continue.*)

Atar *revient à Astasie et dit à tout le Serrail :*

Saluez tous la belle Irza.
Je la couronne : elle est Sultane !

(*Il lui attache au front un diadême de diamans.*)

CHŒUR UNIVERSEL.

Saluons tous la belle Irza,
Qu'Amour, du fond d'une cabane,
Au trône d'Ormus éleva :
Du grand Atar elle est Sultane.

(*On danse.*)

ASTASIE, *pendant la Danse.*

O mon Tarare ! ô mon époux !
Dans quel désespoir êtes-vous ?

(*Spinette la masque de sa personne pour que l'Empereur ne la voie pas.*)

(BALLET GÉNÉRAL, *où les deux genres de danse se mêlent sans se confondre.*)

(ATAR *revient s'asseoir auprès d'*ASTASIE.)

Le Ballet fini, des Esclaves apportent des vases de sorbet, des liqueurs et des fruits devant Atar et la Sultane. Spinette reste auprès de sa Maîtresse, prête à la servir.)

ATAR, *avec joie.*

Calpigi, ta fête est charmante !
Ton esprit fertile m'enchante :
J'aime un talent vainqueur à qui tout obéit.

Apprends-nous quel hasard dans Ormus t'a conduit.
Mais, pour amuser mon Amante,
Anime ton récit d'une gaîté piquante.

CALPIGI *à part, d'un ton sombre.*

J'y veux mêler un nom qui nous rendra la nuit.

(*Il prend une mandoline et chante sur le ton de la Barcariole.*)

a danse figurée cesse; tous les Danseurs et Danseuses se prennent par la main pour danser le refrein de sa chanson.

CALPIGI.

1ᵉʳ COUPLET.

Je suis né natif de Ferrare;
Là, par les soins d'un père avare,
Mon chant s'étant fort embelli,
Ahi! povero Calpigi!
Je passai, du Conservatoire,
Premier Chanteur à l'Oratoire
Du Souverain di Napoli.
Ah! bravo, Caro Calpigi!

LE CHŒUR *répète le dernier vers.*

(*On danse la Ritournelle.*)

(*A la fin de chaque Couplet, Calpigi se retourne et regarde avec inquiétude du côté par où il craint que Tarare n'arrive.*

2ᵐᵉ COUPLET.

La plus célèbre Cantatrice
De moi fit bientôt, par caprice,

Un simulacre de mari :
Ahi! povero Calpigi!
Mes fureurs ni mes jalousies
N'arrêtant point ses fantaisies,
J'étais chez moi comme un zéro.
Ahi! Calpigi povero!

Le Chœur *répète le dernier vers.*

(*On danse la Ritournelle.*)

3me Couplet.

Je résolus, pour m'en défaire,
De la vendre à certain Corsaire,
Exprès passé de Tripoli :
Ah! bravo, caro Calpigi!
Le jour venu, mon traître d'homme,
Au lieu de me compter la somme,
M'enchaîne au pié de leur châlit :
Ahi! povero Calpigi!

Le Chœur *répète le dernier vers.*

(*On danse la Ritournelle.*)

4me Couplet.

Le Forban en fit sa Maîtresse,
De moi, l'argus de sa sagesse,
Et j'étais là tout comme ici :
Ahi! povero Calpigi!

(*Spinette, en cet endroit, fait un grand éclat de rire.*)

ATAR.

Qu'avez-vous à rire, Spinette?

CALPIGI.

Vous voyez ma fausse coquette.

ATAR.

Dit-il vrai ?

SPINETTE.

Signor, è vero!

CALPIGI *acheve l'air*.

Ahi! Calpigi povero!

LE CHŒUR *répète le dernier vers.*
(*On danse la Ritournelle.*)
(*Ici l'on voit dans le fond* TARARE *descendre par une échelle de soie;* CALPIGI *l'apperçoit.*)

CALPIGI, *à part*.

C'est Tarare!

5me COUPLET, *plus vîte*.

Bientôt, à travers la Lybie,
L'Egypte, l'Istme et l'Arabie,
Il allait nous vendre au Sophi :
Ahi! povero Calpigi!

Nous sommes pris, dit le Barbare.
Qui nous prenait? Ce fut Tarare....

ASTASIE, *fesant un cri.*

Tarare!

TOUT LE SERRAIL *s'écrie :*

Tarare!

ATAR, *furieux.*

Tarare!
(*Il renverse la table d'un coup de pied.*)

Astasie se lève troublée. Spinette la soutient. Au bruit qui se fait, Tarare, à moitié descendu, se jette dans l'obscurité.

SPINETTE, *à Astasie.*

Dieux! que ce nom l'a courroucé!

ATAR.

Que la mort, que l'enfer s'empare
Du traître qui l'a prononcé!
(*Il tire son poignard; tout le monde s'enfuit*)

SPINETTE, *soutenant Astasie.*

Elle expire!

ATAR, *rappellé à lui par ce cri, laisse aller Calpigi et les autres Esclaves, et revient vers Astasie, que des femmes emportent chez elle. Atar y entre, en jettant à la porte sa simare et ses brodequins, à la manière des Orientaux.*

SCENE V.

Le Théatre est très-obscur.

CALPIGI, TARARE, *un poignard à la main, prêt à frapper Calpigi qu'il entraîne.*

Calpigi *s'écrie :*

O Tarare !

Tarare, *avec un grand trouble.*

O fureur que j'abhorre !
Mon ami.... s'il n'eût pas parlé,
De ma main était immolé !

Calpigi.

Tu le devais, Tarare ! Il le faudrait encore
Si quelque esclave curieux....

Tarare, *troublé.*

Mille cris de mon nom font retentir ces lieux !

Je me crois découvert, et que la jalousie....
Mourir sans la revoir, et si près d'Astasie!..

CALPIGI.

O mon héros! tes vêtemens mouillés,
D'algues impurs et de limon souillés!...
Un grand péril a menacé ta vie!

TARARE.

Au sein de la profonde mer,
Seul dans une barque fragile,
Aucun soufle n'agitant l'air,
Je sillonnais l'onde tranquile.
Des avirons le monotone bruit,
Au loin distingué dans la nuit,
Soudain a fait sonner l'alarme;
J'avais ce poignard pour toute arme.
Deux cents rameurs partent du même lieu :
On m'enveloppe, on se croise, on rappelle...
J'étais pris!... D'un grand coup d'épieu,
Je m'abîme avec ma nacelle,
Et, me frayant sous les vaisseaux
Une route nouvelle et sure,
J'arrive à terre entre les eaux,
Dérobé par la nuit obscure.
J'entends la cloche du béfroi;
L'appel bruyant de la trompette,
Que le fond du golphe répete,
Augmente le trouble et l'effroi.
On court, on crie aux sentinelles :
« Arrête! arrête! » On fond sur moi;
Mais, s'ils couraient, j'avais des ailes.

J'atteins le mur comme un éclair,
On cherche au pié : j'étais dans l'air,
Sur l'échelle souple et tendue
Que ton zèle avait suspendue.
Je suis sauvé, grace à ton cœur,
Et, pour payer tant de faveur,
O douleur! ô crime exécrable!
Trompé par une aveugle erreur,
J'allais, d'une main misérable,
Assasiner mon bienfaiteur!
Pardonne, ami, ce crime involontaire.

CALPIGI.

O mon héros! que me dois-tu?
Sans force, hélas! sans caractère,
Le faible Calpigi, de tous les vents battu,
Serait moins que rien sur la terre
S'il n'était pas épris de ta mâle vertu!
Ne perdons point un instant salutaire :
Au Sérail la tranquilité
Renaît avec l'obscurité.
(*Il prend un paquet dans une touffe d'arbres.*
Sous cet habit d'un noir esclave,
Cachons des Guerriers le plus brave.
D'homme éloquent, deviens un vil muet,
(*Il l'habille en muet.*)
Que mon héros, sur-tout, jamais n'oublie
Que sous ce masque un mot est un forfait,
(*Il lui met un masque noir.*)
Et qu'en ce lieu de jalousie,
Le moindre est payé de la vie!
Ils s'avancent vers l'appartement d'Astasie.)

Calpigi *l'arrête et recule.*

N'avançons pas! j'apperçois la simare,
Les brodequins de l'Empereur.

Tarare, *égaré, criant.*

Atar chez elle! Ah! malheureux Tarare!
Rien ne retiendra ma fureur.
Brama! Brama!

Calpigi, *lui fermant la bouche.*

Renferme donc ta peine!

Tarare, *criant plus fort.*

Brama! Brama!
(*Il tombe sur le sein de Calpigi.*)

Calpigi.

Notre mort est certaine.

SCENE VI.

ATAR *sort de chez* Astasie. TARARE, CALPIGI.

Calpigi *crie, effrayé.*

On vient; c'est le Sultan.
(Tarare *tombe la face contre terre.*)

ATAR, *d'un ton terrible.*

Quel insolent ici ?...

CALPIGI, *troublé.*

Un insolent !... C'est Calpigi !

ATAR.

D'où vient cette voix déplorable ?

CALPIGI, *troublé.*

Seigneur, c'est... c'est ce misérable.
Croyant entendre quelque bruit,
Nous fesions la ronde de nuit.
D'une soudaine frénésie
Cette brute, à l'instant saisie....
Peut-être a-t-il perdu l'esprit !
Mais il pleure, il crie, il s'agite,
Parle, parle, parle si vîte
Qu'on n'entend rien de ce qu'il dit.

ATAR, *d'un ton terrible.*

Il parle, ce muet?

CALPIGI, *plus troublé.*

Que dis-je?
Parler serait un beau prodige !
D'affreux sons inarticulés....

ATAR *lui prend le bras. Tarare est sans mouvement, prosterné.*

O bizarre sort de ton maître!
Tu maudis quelquefois ton être..
Je venais, les sens agités,
L'honorer de quelques bontés,
Soupirer l'amour auprès d'elle.
A peine étais-je à ses côtés,
Elle s'échappe, la rébelle !
Je l'arrête et saisis sa main :
Tu n'as vu chez nulle mortelle,
L'exemple d'un pareil dédain!
Farouche Atar, quelle est donc ton envie?
Avant de me ravir l'honneur,
Il faudra m'arracher la vie!...
Ses yeux pétillaient de fureur.
Farouche Atar!.., son honneur!... la sauvage,
Appellant la mort à grands cris...
Atar, enfin, a connu le mépris.

(*Il tire son poignard.*)

Vingt fois j'ai voulu, dans ma rage,
Épargner moi-même à son bras...
Allons, Calpigi, suis mes pas!

CALPIGI *lui présente sa simare.*

Seigneur, prenez votre simare.

ATAR.

Rattache, avant, mon brodequin

Sur le corps de cet Afriquain...
(*Il met son pied sur le corps de Tarare.*)
Je sens que la fureur m'égare !...
(*Il regarde Tarare.*)
Malheureux Nègre, abject et nu,
Au lieu d'un reptile inconnu
Que du néant rien ne sépare,
Que n'es-tu l'odieux Tarare!
Avec quel plaisir de ce flanc
Ma main épuiserait le sang !..
Si l'insolent pouvait jamais connaître
Quels dédains il vaut à son Maître!...
Et c'est pour cet indigne objet,
C'est pour lui seul, qu'elle me brave !..
Calpigi, je forme un projet :
Coupons la tête à cet Esclave.
Défigure-la tout-à-fait,
Porte-la de ma part toi-même.
Dis-lui qu'en mes transports jaloux,
Surprenant ici son époux..
(*Il tire le sabre de Calpigi.*)

CALPIGI *l'arrête et l'éloigne de son ami.*

De cet horrible stratagême,
Ah! mon Maître, qu'espérez-vous?
Quand elle pourrait s'y méprendre,
En deviendrait-elle plus tendre?
En l'inquiétant sur ses jours,
Vous la ramenerez toujours.

ATAR, *furieux.*

La ramener!... j'adopte une autre idée :

Elle me croit l'ame enchantée;
Montrons-lui bien le peu de cas
Que je fais de ses vains appas.
Cette orgueilleuse a dédaigné son maître!
O le plus charmant des projets!
Je punis l'audace d'un traître
Qui m'enleva le cœur de mes sujets,
Et j'avilis la Superbe à jamais.
Calpigi!...

CALPIGI, *troublé.*

Quoi! Seigneur!

ATAR.

Jure-moi sur ton ame
D'obéir.

CALPIGI, *plus troublé.*

Oui, Seigneur.

ATAR.

Point de zèle indiscret;
Tout-à-l'heure.

CALPIGI, *presqu'égaré.*

A l'instant.

ATAR.

Prends-moi ce vil muet,
Conduis-le chez elle en secret;

Apprends-lui que ma tendre flamme
La donne à ce monstre pour femme.
Dis-lui bien que j'ai fait serment
Qu'elle n'aura jamais d'autre époux, d'autre amant.
Je veux que l'hymen s'accomplisse;
Et si l'orgueilleuse prétend
S'y dérober, prompte justice!
Qu'à son lit à l'instant conduit,
Avec elle il passe la nuit;
Et qu'à tous les yeux exposée,
Demain, de mon Sérail elle soit la risée !
A présent, Calpigi, de moi je suis content.
Toi, par tes signes, fais que cette brute apprenne
Le sort fortuné qui l'attend.

CALPIGI, *tranquilisé.*

Ah! Seigneur, ce n'est pas la peine :
S'il ne parle pas, il entend.

ATAR.

Accompagne ton Maître à la garde prochaine.
(*Il se retourne pour sortir.*)

CALPIGI, *en se baissant pour ramasser la simare de l'Empereur, dit tout bas à Tarare :*

Quel heureux dénoûment !
(*Il suit Atar.*)

TARARE *se releve à genoux.*

Mais quelle horrible scène !
(*Il ôte son masque, qui tombe à terre loin de lui.*)
Ah ! respirons.

ATAR *revient à l'Appartement d'Astasie d'un air menaçant, et dit avec une joie féroce :*

Je pense au plaisir que j'aurai,
Superbe! quand je te verrai
Au sort d'un vieux Nègre liée
Et par cent cris humiliée !

(*Il imite le chant trivial des Esclaves.*)

Saluons tous la fière Irza,
Qui, regrettant une cabane,
Aux vœux d'un Roi se refusa :
D'un vil muet elle est Sultane !

Hein ! Calpigi ?

(*Il va, il vient. Calpigi, sous prétexte de lui donner sa simare, se met toujours entre lui et Tarare, pour qu'il ne le voie pas sans masque.*)

CALPIGI, *effrayé, feint la joie.*

Ha ! quel plaisir mon Maître aura !

ATAR.

Hein ! Calpigi ?

CALPIGI.

Quand le Sérail retentira...

ATAR *et* CALPIGI, *en Duo.*

Saluons tous la fière Irza,
Qui, regrettant une cabane,

Aux vœux d'un Roi se refusa :
D'un vil muet elle est Sultane !

Le même jeu de Scène continue ; ils sortent.

SCENE VII.

TARARE *seul, levant les mains au Ciel.*

Dieu tout-puissant, tu ne trompas jamais
L'infortuné qui croit à tes bienfaits.

(Il remet son masque et suit de loin l'Empereur.)

FIN DU TROISIÈME ACTE.

ACTE IV

Le Théâtre représente l'intérieur de l'appartement d'Astasie. C'est un Sallon superbe, garni de sophas et autres meubles Orientaux.

SCENE PREMIERE.

ASTASIE, SPINETTE.

Astasie *entre, en grand désordre.*

Spinette, comment fuir de cette horrible enceinte?

Spinette.

Calmez le désespoir dont votre ame est atteinte.

Astasie, *égarée, les bras élevés.*

O mort! termine mes douleurs :
Le crime se prépare.
Arrache au plus grand des malheurs
L'épouse de Tarare.

Il semblait que je pressentais
    Leur entreprise infame !
Quand il partit, je répétais,
    Hélas ! l'effroi dans l'ame :

« Cruel, pour qui j'ai tant souffert,
    C'est trop que ton absence
Laisse Astasie en un désert,
    Sans joie et sans défense !

L'imprudent n'a pas écouté
    Sa compagne éplorée :
Aux mains d'un brigand détesté,
    Des brigands l'ont livrée.

O mort ! termine mes douleurs :
    Le crime se prépare.
Arrache au plus grand des malheurs
    L'épouse de Tarare.

        Spinette.

Un grand Roi vous invite à faire son bonheur ;
L'amour met à vos pieds le Maître de la terre.
Que de beautés ici brigueraient cet honneur !
Loin de s'en alarmer, on peut en être fière.

        Astasie, *pleurant*.

Ah ! vous n'avez pas eu Tarare pour Amant !

        Spinette.

Je ne le connais point ; j'aime sa renommée ;

Mais, pour lui, comme vous, si j'étais enflammée,
Avec le dur Atar je feindrais un moment ;
J'instruirais mon époux au moins de ma souffrance.

ASTASIE.

A la plus légère espérance
Le cœur des malheureux s'ouvre facilement.
J'aime ton noble attachement :
Hé bien ! fais-lui savoir qu'en cette enceinte horrible...

SPINETTE.

Cachez vos pleurs, s'il est possible.
Des secrets plaisirs du Sultan
Je vois le Ministre insolent.

Astasie essuie ses yeux et se remet de son mieux.

SCENE II.

CALPIGI, SPINETTE, ASTASIE.

CALPIGI, *d'un ton dur.*

Belle Irza, l'Empereur ordonne
Qu'en ce moment vous receviez la foi
D'un nouvel époux qu'il vous donne.

ASTASIE.

Un époux! un époux à moi?

SPINETTE *le contrefait*.

Commandant d'un Corps ridicule,
Abrège-nous ton grave préambule.
Ce nouvel époux, quel est-il?

CALPIGI.

C'est du Sérail le muet le plus vil.

ASTASIE.

Un muet!

SPINETTE.

Un muet!

ASTASIE.

J'expire.

CALPIGI.

L'ordre est que chacun se retire.

SPINETTE.

Moi?

CALPIGI.

Vous.

SPINETTE.

Moi?

CALPIGI.

Vous; vous, Spinette : il y va des jours
De qui troublerait leurs amours.

ASTASIE.

O juste Ciel!

SPINETTE, *raillant.*

Dis à ton Maître
Que le Grand-Prêtre
Sera sans doute assez surpris
Qu'à la pluralité des femmes
On ose ajouter, chez les Brames,
La pluralité des maris.

CALPIGI, *ironiquement.*

Votre conseil au Roi paraîtra d'un grand prix.
J'en ferai votre cour.

SPINETTE, *du même ton.*

Vous l'oublîrez peut-être?

CALPIGI.

Non.

SPINETTE.

Vous le rendrez mieux, l'ayant deux fois appris.
(*Elle répète.*)

Dis à ton Maître.
Que le Grand-Prêtre
Sera sans doute assez surpris
Qu'à la pluralité des femmes
On ose ajouter, chez les Brames,
La pluralité des maris.

(Calpigi sort.)

SCENE III.

ASTASIE, SPINETTE.

ASTASIE, *au désespoir*.

O ma compagne! ô mon amie!
Sauve-moi de cette infamie.

SPINETTE.

Hé! comment vous prouver ma foi?

ASTASIE.

Prends mes diamans, ma parure;
Je te les donne, ils sont à toi.

(Elle les détache.)

Ah! dans cette horrible aventure,

Sois Irza, représente-moi ;
Tu le réprimeras sans peine.

SPINETTE.

Si c'est Calpigi qui l'amène,
Madame, il me reconnaîtra.

ASTASIE *ôte son manteau royal.*

Ce long manteau te couvrira.
Souviens-toi de Tarare, et nomme-le sans cesse :
Son nom seul te garantira.

SPINETTE, *pendant qu'on l'habille.*

Je partage votre détresse.
Hélas ! que ne ferais-je pas,
Pour sauver d'un dangereux pas
Mon incomparable Maîtresse !

(*Astasie sort.*)

SCENE IV.

SPINETTE, *seule.*

Spinette, allons, point de faiblesse,
Le Roi dans peu te saura gré
D'avoir adroitement paré

TARARE.

Le coup qu'il porte à sa maîtresse.
(*Elle s'assied sur un sopha.*)
Surcroit d'honneur et de richesse !

SCENE V.

CALPIGI, TARARE *en muet*, SPINETTE *assise,
voilée, son mouchoir sur les yeux.*

Calpigi, à *Tarare, d'un ton sévère.*

Cette femme est à toi, Muet !
(*Il sort.*)

SCENE VI.

TARARE, SPINETTE.

Spinette, *à part, voilée.*

Comme il est laid !...
Cependant il n'est point mal fait.
(*Tarare se met à genoux à six pas d'elle.*)

Il se prosterne! il n'a point l'air farouche
Des autres monstres de ces lieux.

(A. *Tarare, d'un air de dignité.*)

Muet, votre respect me touche,
Je lis votre amour dans vos yeux :
Un tendre aveu de votre bouche
Ne pourrait me l'exprimer mieux.

Tarare, *à part, se relevant.*

Grands Dieux! ce n'est point Astasie,
Et mon cœur allait s'exhaler!
De m'être abstenu de parler,
O Brama! je te remercie.

Spinette, *à part.*

On croirait qu'il se parle bas :
Chaque animal a son langage.

(*Elle se dévoile; Tarare la regarde.*)

De loin, je le veux bien, contemplez mes appas.
Je voudrais pouvoir davantage,
Mais un Monarque, un Calife, un Sultan,
Le plus parfait comme le plus puissant,
Ne peut rien sur mon cœur : il est tout à Tarare.

Tarare *s'écrie :*

A Tarare!...

Spinette, *se levant.*

Il me parle!

TARARE.

O transport qui m'égare !
Etonnement trop indiscret !

SPINETTE.

Un mot a trahi ton secret !
Tu n'es pas muet ! Téméraire !

(*Elle lui enlève son masque.*)

TARARE, *à ses pieds.*

Madame, hélas ! calmez une juste colère.

SPINETTE, *d'un ton plus doux.*

Imprudent ! quel espoir a pu te faire oser ?..

TARARE, *timidement.*

Ah ! c'est en m'accusant que je dois m'excuser.
Etranger dans Ormus, hier on me vint dire
Que le maître de cet Empire
Donnait à son amante une fête au Sérail...
J'ai cru, sous ce vil attirail...

SPINETTE, *légèrement.*

DUO DIALOGUÉ.

Ami, ton courage m'éclaire.
Si Tarare aimait à me plaire,

Il eût tout bravé comme toi.
J'oublierai qu'il obtint ma foi;
C'en est fait, mon cœur te préfère;
Tu seras Tarare pour moi.

TARARE, *troublé.*

Quoi! Tarare obtint votre foi!

SPINETTE.

C'en est fait, mon cœur te préfère.

TARARE.

C'est moi que votre cœur préfère?

SPINETTE.

Tu seras Tarare pour moi.

TARARE, *plus troublé.*

Est-ce un songe, ô Brama! veillé-je?
Tout ce que j'entens me confond.
Atar, toi que la haine assiége,
M'as-tu conduit, de piége en piége,
Dans un abyme aussi profond?

SPINETTE.

Ce n'est point un piége, non, non :
    De son pardon

Je te répond.

(*Elle voit entrer des Soldats.*)

Ciel! on vient l'arrêter!

TARARE.

Tout espoir m'abandonne.

(*Elle se voile et rentre précipitament.*)

SCENE VII.

TARARE, *démasqué;* URSON, SOLDATS *armés de massues;* CALPIGI, EUNUQUES, *entrant de l'autre côté.*

URSON.

Marchez, Soldats,
Doublez le pas.

CALPIGI.

Quoi! des Soldats!
N'avancez pas.

URSON, *aux Soldats.*

Suivez l'ordre que je vous donne.

CALPIGI, *aux Eunuques.*

Ne laissez avancer personne.

CHŒUR *de Soldats.*

Doublons le pas.

CHŒUR *d'Eunuques.*

N'avancez pas.
Pour tous cette enceinte est sacrée.

CHŒUR *de Soldats.*

Notre ordre est d'en forcer l'entrée.

CALPIGI.

Urson, expliquez-vous.

URSON.

Le Sultan, agité
Sur l'effet d'un courroux qu'il a trop écouté,
Veut que l'affreux muet soit massolé, jetté
Dans la mer, et, pour sépulture,
Y serve aux monstres de pâture.

CALPIGI *se met entr'eux et Tarare.*

Le voici! De sa mort, Urson, je prends le soin.
Les jardins du Sérail sont commis à ma garde;
Mes Eunuques sont prêts.

URSON.

Pour que rien ne retarde,
Son ordre est que j'en sois témoin.
Marchez, Soldats; qu'on s'en empare!
(*Les Soldats lèvent la massue.*)

CALPIGI.

Ce n'est point un muet.

URSON.

Quel qu'il soit.

CALPIGI *crie*.

C'est Tarare!

URSON.

Tarare!...
(*Les Soldats et les Eunuques reculent par respect.*)

CHŒUR de Soldats et d'Eunuques.

Tarare! Tarare!

CALPIGI.

Un tel coupable, Urson, devient trop important,
Pour qu'on l'ose frapper sans l'ordre du Sultan.
(*A Tarare, à part.*)
En suspendant leurs coups, je te sauve peut-être.

URSON, *avec douleur.*

Tarare infortuné ! Qui peut le désarmer ?
Nos larmes contre toi vont encor l'animer !

CHŒUR *douloureux de Soldats.*

Tarare infortuné! Qui peut le désarmer ?
Nos larmes contre toi vont encor l'animer !

TARARE.

Ne plaignez point mon sort, respectez votre Maître :
Puissiez-vous un jour l'estimer !

(*On emmene Tarare.*)

URSON, *bas à Calpigi.*

Calpigi, songe à toi : la foudre est sur deux têtes.

(*Il sort.*)

SCENE VIII.

CALPIGI, *seul, d'un ton décidé.*

Sur deux têtes la foudre, et l'on m'ose nommer !
Elle en menace trois, Atar, et ces tempêtes,
Que ta haine alluma, pourront te consumer.

Vas! l'abus du pouvoir suprême
Finit toujours par l'ébranler :
Le méchant, qui fait tout trembler,
Est bien près de trembler lui-même.
Cette nuit, despote inhumain,
Tarare excitait ta furie ;
Ta haine menaçait sa vie,
Quand la tienne était dans sa main !

Vas ! l'abus du pouvoir suprême
Finit toujours par l'ébranler :
Le méchant, qui fait tout trembler,
Est bien près de trembler lui-même.

(Il sort.)

FIN DU QUATRIÈME ACTE

ACTE V

Le Théâtre représente une cour intérieure du Palais d'Atar. Au milieu est un bûcher; au pied du bûcher, un billot, des chaînes, des haches, des massues et autres instrumens d'un supplice.

SCENE PREMIERE.

ATAR, EUNUQUES, Suite.

ATAR *examine avec avidité le bûcher et tous les apprêts du supplice de Tarare.*

Fantome vain! Idole populaire
Dont le nom seul excitait ma colère,
Tarare!... enfin tu mourras cette fois!
Ah! pour Atar, quel bien céleste
D'immoler l'objet qu'il déteste
Avec le fer souple des Loix!

(*Aux Eunuques.*)
Trouve-t-on Calpigi?

Un Eunuque.

Seigneur, on suit sa trace.

Atar.

A qui l'arrêtera je donnerai sa place.
(*Les Eunuques sortent en courant.*)

SCENE II.

ATAR, ARTHENÉE.

(*Deux files de Prêtres le suivent : l'une en blanc, dont le premier Prêtre porte un drapeau blanc où sont écrits, en lettres d'or, ces mots :* la Vie.

L'autre file de Prêtres est en noir, couverte de crêpes, dont le premier Prêtre porte un drapeau où sont écrits ces mots, en lettres d'argent : la Mort.)

Arthenée *s'avance, bien sombre.*

Que veux-tu, roi d'Ormus, et quel nouveau malheur
Te force d'arracher un père à sa douleur?

Atar.

Ah! si l'espoir d'une prompte vengeance
Peut l'adoucir, reçois-en l'assurance.

Dans mon Sérail on a surpris
L'affreux meurtrier de ton fils.
Je tiens la victime enchaînée,
Et veux que par toi-même elle soit condamnée.
Dis un mot, le trépas l'attend.

ARTHENÉE.

Atar, c'était en l'arrêtant...
Sans avoir l'air de le connaître,
Il fallait poignarder le traître.
Je tremble qu'il ne soit trop tard!
Chaque instant, le moindre retard,
Sur ton bras peut fermer le piége.

ATAR.

Quel démon, quel Dieu le protége?
Tout me confond de cette part!

ARTHENÉE.

Son démon, c'est une ame forte,
Un cœur sensible et généreux,
Que tout émeut, que rien n'emporte.
Un tel homme est bien dangereux!

SCENE III.

ATAR, ARTHENÉE, TARARE *enchaîné;* SOLDATS, ESCLAVES, Suite, PRÊTRES de la VIE et de la MORT.

ATAR.

Approche, malheureux! viens subir le supplice
Qu'un crime irrémissible arrache à ma justice.

TARARE.

Qu'elle soit juste ou non, je demande la mort
    De tes plaisirs j'ai violé l'asyle
Sans y trouver l'objet d'une audace inutile,
    Mon Astasie!... O ce fourbe Altamort!
    Il l'a ravie à mon séjour champêtre,
      Sans la présenter à son Maître!
      Trahissant tout, honneur, devoir....
    Il a payé sa double perfidie;
    Mais ton Irza n'est point mon Astasie.

ATAR, *avec fureur.*

Elle n'est pas en mon pouvoir?

(*Aux Eunuques*)

Que l'on m'amène Irza. Si ta bouche en impose,
    Je la poignarde devant toi.

TARARE.

La voir mourir est peu de chose ;
Tu te puniras, non pas moi.

ATAR.

De sa mort la tienne suivie...

TARARE, *fièrement.*

Je ne puis mourir qu'une fois.
Quand je m'engageai sous tes loix,
Atar, je te donnai ma vie.
Elle est toute entière à mon Roi :
Au lieu de la perdre pour toi,
C'est par toi qu'elle m'est ravie.
J'ai rempli mon sort, suis ton choix ;
Je ne puis mourir qu'une fois.
Mais souhaite qu'un jour ton peuple te pardonne.

ATAR.

Une menace ?

TARARE.

Il s'en étonne !
Roi féroce ! as-tu donc compté
Parmi les droits de ta couronne
Celui du crime et de l'impunité ?
Ta fureur ne peut se contraindre,
Et tu veux n'être pas haï !
Tremble d'ordonner...

ATAR.

Qu'ai-je à craindre?

TARARE.

De te voir toujours obéi,
Jusqu'à l'instant où, l'effrayante somme
De tes forfaits déchaînant leur courroux...
Tu pouvais tout contre un seul homme;
Tu ne pourras rien contre tous.

ATAR.

Qu'on l'entoure!
(*Les Esclaves l'entourent.*)

Tarare va s'asseoir sur le billot, au pied du bûcher, la tête appuyée sur ses mains, et ne regarde plus rien.

SCENE IV.

ASTASIE, *voilée*, ATAR, ARTHENÉE, TARARE, SPINETTE, ESCLAVES *des deux sexes*, SOLDATS.

ATAR, *à Astasie.*

Ainsi donc, abusant de vos charmes,
Fausse Irza, par de feintes larmes,
Vous troimphiez de me tromper?
Je prétends, avant de frapper,
Savoir comment ma puissance jouée...

SPINETTE.

Une Esclave fidele, hélas! substituée,
Innocemment causa le désordre et l'erreur.

TARARE, *à part, tenant sa tête dans ses mains.*

Ah! cette voix me fait horreur!

ATAR.

Il est donc vrai cet échange funeste!
J'adorais, sous le nom d'Irza,...

(*A Astasie.*)

Va, malheureuse, je déteste
L'indigne amour qui pour toi m'embrasa.
A la rigueur des loix, avec lui, sois livrée!

(*Au Grand-Prêtre.*)

Pontife, décidez leur sort.

ARTHENÉE.

Ils sont jugés : levez l'étendard de la mort.
De leurs jours criminels la trame est déchirée.

Le Grand-Prêtre déchire la bannière de la vie.
Le Prêtre en deuil éleve la bannière de la mort.
On entend un bruit funèbre d'instrumens déguisés.

CHŒUR FUNEBRE *des Esclaves.*

(*Astasie se jette à genoux, et prie pendant le chœur. On apporte au Grand-Prêtre le livre des arrêts, couvert d'un crêpe. Il signe l'arrêt de mort. Deux Enfans en deuil lui remettent chacun un flambeau. Quatre Prêtres en deuil lui présentent deux grands vases pleins d'eau lustrale. Il éteint dans ces vases les deux flambeaux, en les renversant.*

Pendant ce tems, les Prêtres de la vie se retirent en silence. Le Drapeau de la vie, déchiré, traîne à terre.)

CHŒUR FUNEBRE.

Avec tes décrets infinis,
Grand Dieu, si ta bonté s'accorde,
Ouvre à ces coupables punis
Le sein de ta miséricorde !

ARTHENÉE *prie*.

Brama ! de ce bûcher, par la mort réunis,
Ils montent vers le Ciel ; qu'ils n'en soient point bannis !

LE CHŒUR FUNEBRE *répond :*

Avec tes décrets infinis, etc.

(Astasie se releve et s'avance au bûcher, où Tarare est abîmé de douleur.)

ASTASIE, *à Tarare.*

Ne m'impute pas, Etranger,
Ta mort, que je vais partager.

TARARE *se releve avec feu.*

Qu'entends-je ? Astasie !

ASTASIE.

Ah! Tarare!
(*Ils se jettent dans les bras l'un de l'autre.*)

ARTHÉNÉE, *au Roi.*

Je te l'avais prédit.

ATAR, *furieux.*

Qu'on les sépare!
Qu'un seul coup les fasse périr!
(*Les Soldats s'avancent.*)
Non... C'est trop tôt briser leurs chaînes :
Ils seraient heureux de mourir.
Ah! je me sens altéré de leurs peines,
Et j'ai soif de les voir souffrir.

ASTASIE, *avec dédain, au Roi.*

O tigre! mes dédains ont trompé ton attente,
Et, malgré toi, je goûte un instant de bonheur.
J'ai bravé ta faim dévorante,
Le rugissement de ton cœur.
Pour prix de ta lâche entreprise,
Vois, Atar, je l'adore, et mon cœur te méprise.
(*Elle embrasse Tarare.*)

ATAR, *vivement, aux Soldats.*

Arrachez-la tous de ses bras.
Courez. Qu'il meure, et qu'elle vive!

ASTASIE *tire un poignard, qu'elle approche de son sein.*

Si quelqu'un vers lui fait un pas,
Je suis morte avant qu'il arrive.

ATAR, *aux Soldats.*

Arrêtez-vous !

ASTASIE, TARARE *et* ATAR.

TRIO.

TARARE *et* ASTASIE, *ensemble.*

Le trépas nous attend :
Encore une minute,
Et notre amour constant
Ne sera plus en butte
Aux coups d'un noir Sultan.
(*Les Soldats font un mouvement.*)

ATAR *s'écrie :*

Arrêtez un moment !

ASTASIE, *seule.*

Je me frappe à l'instant
Que sa loi s'exécute.
Sur ton cœur palpitant
Tu sentiras ma chûte,
Et tu mourras content.

Atar.

O rage! affreux tourment!
C'est moi, c'est moi qui lutte,
Et leur cœur est content!

Astasie.

Sur ton cœur palpitant
Tu sentiras ma chûte,
Et tu mourras content.

Tarare.

Sur mon cœur palpitant
Je sentirai ta chûte,
Et je mourrai content.

SCENE V.

ACTEURS PRÉCÉDENS.

Une Foule d'Esclaves *des deux sexes accourt avec frayeur et se serre à genoux autour d'Atar.*

Chœur d'Esclaves *effrayés*.

Atar, défends-nous, sauve-nous ;
Du palais la garde est forcée,
Du Sérail la porte enfoncée.

Notre asyle est à tes genoux.
Ta milice en fureur redemande Tarare.

SCENE VI.

Les précédens, toute la Milice, *le sabre à la main*,
CALPIGI *à leur tête;* URSON.

(*Les Prêtres de la Mort se retirent.*)

Chœur de Soldats *furieux. Ils renversent le bûcher.*

Tarare, Tarare, Tarare !
Rendez-nous notre Général.
Son trépas, dit-on, se prépare :
Ah ! s'il reçoit le coup fatal,
Nous en punirons ce barbare.

(*Ils s'avancent vers Atar.*)

Tarare, *enchaîné, écarte les Esclaves.*

Arrêtez ! Soldats, arrêtez !
Quel ordre ici vous a portés ?
O l'abominable victoire !
On sauverait mes jours en flétrissant ma gloire !
Un tas de rebelles mutins
De l'État ferait les destins !
Est-ce à vous de juger vos Maîtres ?
N'ont-ils soudoyé que des traîtres ?
Oubliez-vous, Soldats, usurpant le pouvoir,

Que le respect des Rois est le premier devoir?
Armes bas, Furieux! votre Empereur vous casse.

(Ils se jettent tous à genoux.)
(Il s'y jette lui-même, et dit au Roi.)

Seigneur, ils sont soumis; je demande leur grace.

ATAR, *hors de lui.*

Quoi! toujours ce fantôme entre mon Peuple et moi!
(Aux Soldats.)
Défenseurs du Sérail, suis-je encor votre Roi?

UN EUNUQUE.

Oui!

CALPIGI *le menace du sabre.*

Non!

TOUS LES SOLDATS *se lèvent.*

Non!

TOUT LE PEUPLE.

Non!

CALPIGI, *montrant* TARARE.

C'est lui.

TARARE.

Jamais!

LES SOLDATS.

C'est toi !

TOUT LE PEUPLE.

C'est toi !

ATAR, *avec désespoir.*

(*A Tarare.*)

Monstre !... Ils te sont vendus... Règne donc à ma place !

(*Il se poignarde et tombe*)

TARARE, *avec douleur.*

Ah ! malheureux !

ATAR *se releve dans les angoisses.*

La mort est moins dure à mes yeux...
Que de régner par toi... sur ce Peuple odieux.

(*Il tombe mort dans les bras des Eunuques, qui l'emportent. Urson les suit.*)

SCENE VII.

LES ACTEURS PRÉCÉDENS, *excepté* ATAR *et* URSON.

CALPIGI *crie au Peuple:*

Tous les torts de son règne, un seul mot les répare :
Il laisse le trône à Tarare.

TARARE, *vivement*.

Et moi, je ne l'accepte pas.

CHŒUR GÉNÉRAL, *exalté*.

Tous les torts de son règne, un seul mot les répare :
Il laisse le trône à Tarare.

TARARE, *avec dignité*.

Le trône est pour moi sans appas :
Je ne suis point né votre Maître.
Vouloir être ce qu'on n'est pas,
C'est renoncer à tout ce qu'on peut être.
Je vous servirai de mon bras,
Mais laissez-moi finir en paix ma vie,
Dans la retraite, avec mon Astasie.

(*Il lui tend les bras ; elle s'y jette.*)

SCENE VIII.

LES ACTEURS PRÉCÉDENS ; URSON, *tenant dans sa main la couronne d'Atar*.

URSON *prend la chaîne de Tarare*.

Non. Par mes mains, le Peuple entier
Te fait son noble prisonnier :

Il veut que de l'Etat tu saisisses les rênes.
Si tu rejettais notre foi,
Nous abuserions de tes chaînes
Pour te couronner malgré toi.

(*Au Grand-Prêtre.*)

Pontife, à ce grand homme Atar lègue l'Asie.
Consacrez le seul bien qu'il ait fait de sa vie :
Prenez le diadême, et réparez l'affront
Que le bandeau des Rois a reçu de son front.

ARTHENÉE, *prenant le diadême des mains d'Urson.*

Tarare, il faut céder.

TOUT LE PEUPLE *s'écrie :*

Tarare, il faut céder !

ARTHENÉE.

Leurs desirs sont extrêmes.

TOUT LE PEUPLE.

Nos desirs sont extrêmes.

ARTHENÉE.

Sois donc le Roi d'Ormus.

TOUT LE PEUPLE.

Sois, sois le Roi d'Ormus !

(*Arthenée lui met la Couronne sur la tête, au bruit d'une fanfare.*)

ARTHENÉE, *à part.*

Il est des Dieux suprêmes.

>   (*Il sort.*)

SCENE IX.

Tous les Précédens, *excepté le Grand-Prêtre.*

Calpigi *et* Urson *se jettent à genoux, et ôtent dans cette posture les chaînes de* Tarare.

Tarare, *pendant qu'on le déchaîne.*

Enfans, vous m'y forcez, je garderai ces fers :
Ils seront à jamais ma royale ceinture.
De tous mes ornemens devenus les plus chers,
Puissent-ils attester à la race future
Que, du grand nom de Roi si j'acceptai l'éclat,
Ce fut pour m'enchaîner au bonheur de l'Etat !

>   (*Il s'enveloppe le corps de ses chaînes.*)

Chœur général, *avec ivresse.*

Quel plaisir de nos cœurs s'empare !
Vive notre grand Roi Tarare !
Tarare, Tarare, Tarare !
La belle Astasie et Tarare !

Nous avons le meilleur des Rois :
Jurons de mourir sous ses lois.

(Des mouvemens d'une joie effrénée sort une danse tumultueuse ; pendant que le Chœur répète à grands cris les vers ci-dessus. Ils entourent, ils entraînent Astasie et le Roi. La Musique diminue de bruit, change d'effet et reprend un caractère aérien. Des nuages couvrent le Spectacle ; on en voit sortir, dans les airs, la Nature productrice et le Génie qui préside au Soleil.)

SCENE DERNIERE.

Les précédens, la NATURE et le GÉNIE DU FEU *sur les nuages.*

Le Génie du Feu.

Nature ! quel exemple imposant et funeste !
Le soldat monte au trône, et le tyran est mort !

La Nature.

Les Dieux ont fait leur premier sort,
Leur caractère a fait le reste.

Le Génie du Feu.

Encor un généreux effort.

Dans le cœur des humains, d'un trait inaltérable,
Gravons ce précepte admirable.

(*Des nuages transparens les couvrent à demi. Un fort tonnère se fait entendre. Quatre Génies, dans les airs, sonnent d'une trompette bruyante qui se mêle aux éclats de la foudre. Tarare et tout le Peuple tombent à genoux au fond du Théâtre.*)

CHŒUR GÉNÉRAL, *très-éloigné.*

De ce grand bruit, de cet éclat,
O Ciel! apprends-nous le mystère!

LA NATURE ET LE GÉNIE DU FEU.

(*Dans les nuages; à l'unisson, et parlant fortement.*)

Mortel, qui que tu sois, Prince, Brame ou Soldat,
HOMME! ta grandeur sur la terre
N'appartient point à ton état :
Elle est toute à ton caractère.

A mesure que la Nature et le Génie prononcent les vers ci-dessus, ils se peignent en caractères de feu dans les nuages.

Les trompettes sonnent, le tonnerre reprend; les nuages les couvrent; ils disparaissent. La toile tombe.

Dans un siecle et dans un pays où l'on regarderait comme un manque de respect pour l'Opéra de le finir autrement que par une Fête, je proposerais cette Fin, quoique je préfère la première :

Après le Chœur :

Quel plaisir de nos cœurs s'empare ;
Vive notre grand Roi Tarare, etc.

Urson viendrait dire :

Les fiers Européans marchent vers ces Etats,
Inaugurons Tarare, et courons aux combats.

Les Soldats et le Peuple placeraient Tarare et Astasie sous le dais où Atar était assis pendant la prière publique. On danserait militairement devant eux. Puis Urson et Calpigi, entourés du Peuple, chanteraient ce Duo.

Urson et Calpigi.

Roi, nous mettons la liberté
Aux pieds de ta vertu suprême.
Règne sur ce Peuple qui t'aime,
Par les loix et par l'équité.

Deux Femmes *en Duo.*

Et vous, Reine, épouse sensible,
Qui connûtes l'adversité,

Du devoir souvent inflexible
Adoucissez l'austérité.
Tenez son grand cœur accessible
Aux soupirs de l'humanité.

Chœur général.

Roi, nous mettons la liberté
Aux pieds de ta vertu suprême;
Règne sur ce Peuple qui t'aime,
Par les loix et par l'équité.

Danse générale, et la toile tomberait.

Cette Fin est mise en Musique par M. Salieri; mais je préfère la première, qui est bien plus philosophique et encadre mieux le sujet. Choisissez; ma tâche est finie.

APPROBATION.

J'ai lu, par ordre de Monseigneur le Garde des Sceaux, un Opéra intitulé : Tarare, ou *le Roi d'Ormus*, et j'ai cru qu'on pouvait en permettre la représentation et l'impression. Fait à Paris, le 28 mars 1786.

Bret.

SECONDE APPROBATION

après les corrections.

J'ai lu, par ordre de Monseigneur le Garde des Sceaux, un Opéra intitulé : Tarare, ou *le Roi d'Ormus*, et j'ai cru qu'on pouvait en permettre la représentation et l'impression. A Paris, le 21 décembre 1786.

Bret.

La forme la plus sévère étant en tout celle qui me convient le mieux, je n'ai pas fait le plus léger changement, dans le Poëme, exigé par la Musique, que je ne l'aye envoyé chez le Censeur pour qu'il fût approuvé. Outre ces deux censures consécutives, M. Bret a peut-être eu la peine et la bonté de me donner vingt nouveaux paraphes, car un Opéra mis en musique ne s'achève pas comme une Tragédie. Il y a toujours à refaire, à retoucher.

COURONNEMENT DE TARARE

VARIANTE DE L'ÉDITION DE 1790

COURONNEMENT DE TARARE

SCENE PREMIERE.

Marche nationale. Soldats en bon ordre.

Quatre Membres de l'assemblée du Peuple : l'un, militaire ; le second, du Collége des Brames ; le troisième, un Citoyen ; le quatrième, un Cultivateur portant un autel sur lequel est écrit : Autel de la Patrie.

Quatre autres Membres, ainsi mêlés, portent un grand Livre avec cette inscription sur la couverture : Livre de la Loi : *une grande couronne d'or est posée sur ce livre.*

Deux autres portent le manteau royal pourpre à étoile d'or,

Deux autres le sceptre et la main de justice.

Tout le reste marche ainsi confondu.

Tarare et Astasie montent sur le trône d'Atar, à droite.

URSON et CALPIGI, *au nom du Peuple.*

Duo.

Roi, nous mettons la liberté
Aux pieds de ta vertu suprême :

Gouverne ce Peuple qui t'aime
Par les loix et par l'équité.
Il dépose en tes mains, lui-même,
Sa redoutable autorité.

On lui donne le sceptre et on lui met le manteau royal sur les épaules. Deux femmes s'avancent vers Astasie.

Duo.

Et vous, Reine, Epouse sensible
Qui connûtes l'adversité,
Du devoir souvent inflexible
Adoucissez l'austérité.
Tenez son grand cœur accessible
Aux soupirs de l'humanité.

Tous les ordres de l'Etat se prennent sous le bras, et, s'avançant en cercle ainsi confondus, répètent en chœur avec enthousiasme :

Roi, nous mettons la liberté
Aux pieds de ta vertu suprême, etc.

Des Danseurs de ces différens ordres composent une danse mêlée où chacun conserve le caractère de son état, en versant alternativement de l'encens sur le feu de l'Autel de la Liberté.

Deux Bonzes suivis de quelques Vierges bramines s'avancent et disent :

Du culte de Brama Prêtres infortunés,
A vivre sans bonheur sommes-nous condamnés?

TARARE, *se levant.*

De tant de retraites forcées
Que les barrières soient brisées !
Que l'Hymen, par ses doux liens,
Leur donne à tous des jours prospères

Peuple heureux! les vrais Citoyens,
Ce sont les époux et les pères.

Toute l'assemblée lève les mains en signe d'approbation.

Ici des danses mêlées, au choix et bon goût du Maître des ballets, se formeront suivant les caractères.

SPINETTE *et* CALPIGI *s'avancent.*

SPINETTE, *se courbant.*

Seigneurs!

CALPIGI, *se courbant.*

Seigneurs!

EN DUO.

Cette loi si douce et si sage,
Qui fait tant d'heureux parmi vous,
Du divorce l'antique usage,
Daignez l'étendre jusqu'à nous.

SPINETTE, *vivement.*

Rompez des nœuds insuportables.

CALPIGI.

Ah! plus imprudens que coupables.

EN DUO.

L'amour nous avait égarés.

SPINETTE.

Nous brûlons d'être séparés

CALPIGI.

Nous devons être séparés.

TARARE *se levant.*

Vous le voulez tous deux ? Eh. bien, vous le serez.

Danse pittoresque peignant le sentiment d'un divorce, ou de gens qui se fuient et prennent d'autres engagemens.

SCENE II.

Un Député du Zanguébar, suivi d'une troupe de Nègres et de Négresses enchaînés, qui ont l'air consterné. Tous les précédens.

LE DÉPUTÉ, *se courbant.*

Vos noirs sujets d'Affrique, aussi soumis que braves,
    Vous offrent leur tribut d'Esclaves.

(*Tous les Nègres se prosternent, il continue.*)

Enchaînés par nos mains, et domptés par nos coups,
    Flétris sous le poids des entraves,
Quoi qu'on ordonne d'eux, ils vous béniront tous.

TARARE, *avec majesté.*

Plus d'infortunés parmi nous.
Le despotisme affreux outrageait la nature ;
    Nos lois vengeront cette injure.

Soyez tous heureux ! levez-vous.

Tous les Nègres se lèvent et crient :

Hola ! hola ! hola ! hola !

Un Nègre, *exalté.*

Hola ! doux Esclavage
Pour Congo, noir visage.
Bon Blanc, pour Nègre il est humain ;
Nous, bon Nègre, a cœur sur la main.
Nous pour Blanc
Sacrifie,
Donner sang,
Donner vie,
Priant grand Fétiche *Ourbala*
Pour oon grand Peuple qu'il est là
Ourbala ! l'y voilà.
Ourbala ! l'y voilà,

(*Montrant les spectateurs.*)

Là, là, là, là, là, là, là, là, là.

Danse pittoresque des Nègres et Négresses exaltés.

SCENE III.

Un peuple en désordre, effréné, court et remplit la place. Un Hérault d'armes suivi d'un Magistrat s'oppose à sa course et dit :

Au nom de la Patrie,
Qui vous presse et vous prie,
Rentrez dans le devoir aux accens de ma voix.
Peuple, séparez-vous... pour la troisième fois...

Chœur de Peuple *en désordre.*

Tout est changé ; quoi qu'on ordonne,
Nous n'obéirons à personne.

Le Magistrat fait un signal.

Marche de Soldats armés, serrés en bataillon, avec une bannière portant ce vers, en or sur un fond rouge :

(La Liberté n'est pas d'abuser de ses droits.)

Seconde marche d'un groupe de Citoyens paisibles. Bannière bleue, avec ce vers en blanc :

(La Liberté consiste a n'obéir qu'aux Loix.)

Troisième marche d'un groupe de jeunes Cultivateurs des deux sexes, couronnés de fleurs, et portant des gerbes et des fruits. Bannière rose, avec ce distique de couleur verte :

(De la Liberté sans licence
Nait le Bonheur, nait l'Abondance.)

Quatrième marche d'un groupe de Prêtres de la mort, précédée d'un Tamtam *ou cloche de l'Inde suspendue et portée par deux Prêtres formant une espèce de tocsin. Bannière noire, avec des lettres d'argent, et pour légende :*

(Licence, abus de Liberté,
Sont les sources du crime et de la pauvreté.)

Urson s'est mis à la tête des Soldats quand ils ont passé,

Tarare à celle du groupe des Citoyens paisibles.

Astasie s'est mêlée aux jeunes Cultivateurs des deux sexes.

Cette marche imposante fait doucement reculer le Peuple. Il reparaît modeste, à la fin de la marche générale.

Pendant qu'elle passe sur le devant du théâtre, on élève un trône au fond, sous un riche baldaquin. Le livre de la Loi est mis au sommet sous une grande couronne d'or. Tarare et Astasie sont au-dessous. L'assemblée mêlée est assise autour d'eux, le Peuple en bas; l'Autel de la Liberté est flamboyant sur le devant.

Danse des premiers sujets dans tous les genres.

Au milieu de la fête, un coup de tonnerre se fait entendre. Le Théâtre se couvre de nuages, on voit paraître au Ciel, sur le Char du Soleil, la Nature et le Génie du Feu.

L'AUTRE TARTUFFE

ou

LA MÈRE COUPABLE

Tony Johanot del.   Blanchard sc.

LA MÈRE COUPABLE

LA COMTESSE.

J'irai... Je t'obéis... je meurs....

Acte IV. Scène 13.

Publié par Furne et Cie

NOTICE

SUR

LA MÈRE COUPABLE

I

C'EST à l'époque la plus tourmentée et la plus difficile de sa vie que Beaumarchais écrivit la Mère coupable. *C'est une suite assez médiocre, et le plus souvent fort ennuyeuse, du* Barbier de Séville *et de* la Folle journée, *et la troisième et heureusement dernière partie de ce qu'on a appelé depuis « la trilogie » de Figaro. Si, dans* la Folle Journée, *Beaumarchais ne se montra pas précisément en sensible progrès sur lui-même, on peut dire que, dans* la Mère coupable, *la décadence de son talent fut tout à fait évidente. L'esprit léger, subtil, étincelant, toujours alerte, qui avait si fort émerveillé le public français dans* la Folle Journée *et surtout dans le Barbier de Séville, fai-*

sait cette fois complétement défaut à l'œuvre nouvelle. « Beaumarchais, qui a toujours fait rire son monde, écrit le poëte Robbé de Beauveset à un ami[1], ne nous en a pas fourni une seule fois la plus petite occasion pendant ces cinq mortels actes. » Le plus grand tort, en effet, de ce drame larmoyant, est d'être au suprême degré long et ennuyeux. Beaumarchais qui, dans ses deux pièces précédentes, avait eu le bon goût de s'éloigner du genre faux et pleurard de Diderot, son premier modèle, et en l'honneur de qui il avait écrit Eugénie et les Deux Amis; Beaumarchais, sur la fin de sa carrière dramatique, et après deux éclatantes excursions dans le domaine de la comédie vraie, semble vouloir revenir à son point de départ. Ce Figaro rusé et voleur, type éternel de la rouerie et de l'intrigue, il l'affuble du costume, de la tenue et des dehors de l'honnête homme; ce valet fripon est transformé en intendant vertueux; ce madré coquin, dont le scrupule aurait dû être la dernière vertu, est devenu soudain plus scrupuleux que son maître lui-même; de ce Figaro brillant que nous avons connu dans les deux comédies illustrées par sa verve et par sa gaieté, il n'est plus rien resté, hélas! que le nom.

C'est en 1789 et 1790 que Beaumarchais termina la Mère coupable. Son talent subit certainement alors l'influence fatale des grands et terribles événements qui se préparaient, et auxquels son caractère remuant et son amour de l'intrigue lui firent prendre une part qui devint bien vite si compromettante pour son repos et pour sa fortune. Les agitations populaires commençaient; Beaumarchais habitait

---

[1]. Robbé de Beauveset est un petit poëte licencieux de l'école de Piron, qui eut l'art de se montrer plus licencieux encore que son maître. Il est bien oublié aujourd'hui. Je dois à la complaisance de M. Paul Ratouis, d'Orléans, communication de la correspondance inédite de ce poëtereau avec son arrière-grand-père, l'habile dessinateur Desfriches. Toute la partie relative à l'attentat de Damiens (1757) est fort curieuse, et j'en fais l'objet d'une publication spéciale.

un quartier où elles se manifestèrent tout d'abord et presque dès le premier jour, soit par le pillage des hôtels ou des boutiques, soit surtout par la prise de la Bastille, dont sa belle maison du boulevard était tout à fait voisine. On connaissait sa fortune; l'exagération publique en avait encore répandu et augmenté l'importance. L'auteur du Barbier *fut assailli de demandes : les visiteurs et les quémandeurs affluèrent chez lui; chacun voulait sa part des dons nombreux que, par générosité ou par crainte d'être pillé lui-même, Beaumarchais dut prodiguer de tous côtés. Il aliéna ainsi des sommes relativement considérables, et il se fit néanmoins bon nombre d'ennemis en refusant, pour le moins, autant de secours qu'il se crut obligé d'en donner* [1].

---

1. Il faut consulter, à ce sujet, le travail si souvent cité de M. de Loménie, t. II, et la correspondance publiée de Beaumarchais (t. VII de l'édition complète des œuvres. 1809). Nous n'y avons point trouvé une fort curieuse et importante lettre de Beaumarchais à l'abbé Pérignon, qui, l'ayant sollicité pour un tiers, se plaignait de n'avoir pas eu de réponse, lettre découverte et copiée par nous dans les manuscrits de la Comédie-Française (provenant de Londres), et que nous avons tout lieu de croire inédite Nous ne résistons pas au plaisir de la citer ici en entier :

A Monsieur Pérignon, prêtre.

Le   septembre 1789.

« Je ne méprise personne et respecte le malheur de tout le monde, mais je suis étonné de voir que personne ne respecte le mien; en butte aux plus atroces noirceurs, troublé par mille infortunes, ma vie est devenue déplorable. Depuis un mois que le désir patriotique de prévenir un grand désordre m'a fait faire l'immense sacrifice d'une somme de *douze mille francs* pour les pauvres d'un grand faubourg, plus de cent lettres anonymes injurieuses m'ont payé de cette bonne œuvre, et votre lettre est la quatre cent vingt-deuxième (je viens de les compter) qui me demande des secours. Douze secrétaires et la lampe merveilleuse ne suffiraient pas pour répondre aux uns, repousser l'injure des autres et faire du bien à tout le monde! Et comment vous, monsieur, qui vous blessez de ce que je ne réponde pas à un inconnu qui demande pour une inconnue, ne calculez-vous pas que plus un homme charitable a versé de bienfaits autour de lui, moins il lui reste de moyens pour soulager des inconnus éloignés, et dont la foule est incalculable?

« Hélas! monsieur, je ne puis, je ne puis! Savez-vous que ces 12,000 livres,

C'est au moment de ce bouleversement et de cette rénovation sociale que Beaumarchais présenta, au commencement de l'année 1791, son drame la Mère coupable *aux artistes du Théâtre-Français. Lu en février, il fut reçu aussitôt et même distribué aux acteurs. Cependant les difficultés non encore aplanies qui subsistaient depuis longtemps entre Beaumarchais et la Comédie-Française, à propos du procès toujours pendant entre les auteurs et les acteurs, firent d'abord retarder, puis ajourner indéfiniment la première représentation de son drame. L'activité et le dévouement que déploya Beaumarchais en faveur des auteurs contre la Comédie, dans une cause qui lui était commune avec eux et*

que j'étais loin d'avoir, m'ont coûté pour les faire 14,600 francs, et que si le faubourg n'eût été prêt à se révolter par misère, si la sûreté publique ne m'eût pas emporté très-loin de mes moyens, la charité toute seule ne me l'eût pas fait faire? Savez-vous que, pendant que je vous écris avec un peu de colère, mon imprimeur attend? Car c'est avec ses presses que je réponds aux scélérats. Savez-vous qu'il y a dix-huit mois que je n'ai touché un sol de mes revenus? Savez-vous que toutes mes maisons ont échappé dix fois au feu, et ma personne avec peine à la hart? Si vous êtes, monsieur, ministre des autels, je vous demande une petite place dans le *memento* de la messe pour un pauvre persécuté. Il y a eu deux hommes qui seraient bien étonnés, s'ils revenaient au monde (c'est Louis XIV et Jésus-Christ), de voir comme on traite aujourd'hui les deux grands despotismes dont ils avaient couvert la terre; mais il s'en élève un troisième, qui est celui du brigandage. Celui-là est le pire de tous. Priez Dieu qu'il nous en délivre! Et qui que vous soyez, monsieur, recevez avec indulgence l'humeur d'un honnête homme poussé à bout sous toutes les formes. Un autre, à ma place, jetterait le manche après la coignée; moi je le garde pour me défendre contre les brigands qui m'attaquent, et les quatre sols qui me restent pour payer ceux qui m'aideront à en obtenir justice.

« BEAUMARCHAIS. »

Je retrouve certaines idées de cette lettre dans une autre réponse adressée par Beaumarchais, le 1er mai 1792, à un autre de ses emprunteurs, lettre citée par M. de Loménie au t. II de *Beaumarchais et son temps* :

« . . . . La foule des demandeurs qui s'adressent à moi est telle qu'il me faudrait dix secrétaires pour leur répondre. Je gémis, je m'arrête; je n'ai plus que deux commerces au monde : des inconnus qui me demandent, des hommes injustes qui m'injurient, des fougueux qui me menacent sans m'avoir même jamais vu... Êtes-vous satisfait de m'avoir fait perdre mon temps pour vous dire des choses inutiles, moi qui en ai tant d'utiles à faire?... »

dont le premier il avait soulevé les incalculables péripéties[1], amenèrent entre lui et les comédiens français une nouvelle brouille, à la suite de laquelle il leur reprit son drame.

Un petit théâtre venait alors de s'établir au Marais, dans le voisinage même de sa célèbre maison, et la troupe de ce théâtre vint le trouver et lui demander, comme une bonne fortune, l'honneur et aussi le bonheur de représenter l'une de ses pièces. La Mère coupable étant disponible, il la donna aussitôt à ces comédiens de rencontre, et c'est par eux et sur leur scène obscure que son nouveau drame vit le jour de la rampe pour la première fois. Les pauvres artistes qui la jouèrent alors n'ont laissé nulle part trace de leur personnalité ni même de leur nom. Le Journal de Paris, qui rend compte de la représentation de la pièce, ne fait pas à un seul de ses interprètes l'honneur de le nommer.

II

La Mère coupable *fut jouée pour la première fois « sur le théâtre du Marais, rue de la Couture-Sainte-Catherine »*, comme dit le Journal de Paris[2], le 26 juin 1792[3]. Cette première soirée ne fut pas très-favorable, à en croire les récits contemporains. Voici quelques extraits des critiques diverses auxquelles ont donné lieu, alors et ensuite, la représentation, puis les différentes reprises de la Mère coupable à la Comédie-Française :

1. Voyez, au sujet de cette querelle, notre notice du *Barbier de Séville*, au tome II de cette édition.

2. Numéro du 21 juin 1792, qui annonce la prochaine représentation de la pièce.

3. Et non le 6 juin, comme le disent à tort Gudin, et après lui M. de Loménie. J'ai sous les yeux la collection du *Journal de Paris*, où je relève la date précise de cette représentation, date qui d'ailleurs est encore donnée au titre sur l'édition originale du drame. Voir ci-après la reproduction de ce titre.

Dans son numéro du samedi 3o juin, le Journal de Paris *publie un compte rendu duquel il résulte que les spectateurs accourus à cette représentation étaient très-nombreux, tant à cause du nom de l'auteur que du bruit qui s'était déjà fait autour de sa pièce*[1].

La pièce était connue et annoncée depuis longtemps; plusieurs théâtres se l'étaient disputée... L'ouvrage présente un but très-moral; le quatrième acte est d'un grand effet dramatique, le cinquième dénoue la pièce avec beaucoup d'art; le second et surtout le troisième ont excité des murmures... Nous croyons qu'en faisant des sacrifices et en s'entourant de conseils sévères, que Voltaire ne dédaignait pas à quatre-vingts ans, M. de Beaumarchais peut donner à la vieillesse du comte et de la comtesse Almaviva une partie de l'éclat dont ont brillé leur âge mûr et leur première jeunesse.

Les Annales dramatiques[2] *sont plus sévères. Je me borne*

---

[1]. On avait beaucoup parlé de *la Mère coupable*, au moment de sa réception au Théâtre-Français. Comme pour les autres pièces de Beaumarchais, il y eut des lectures particulières du nouveau drame, dont tout salon se piquant un peu d'influence ou de littérature voulut avoir la primeur. M. de Loménie cite à ce sujet une curieuse lettre de Beaumarchais, en réponse à un billet de la comtesse d'Albany, l'amie et plus tard la femme d'Alfieri, et qui avait sollicité une lecture chez elle :

« Madame la comtesse,

« Puisque vous voulez entendre absolument mon très-sévère ouvrage, je ne puis pas m'y opposer; mais faites une observation avec moi : quand je veux rire, c'est aux éclats; s'il faut pleurer, c'est aux sanglots. Je n'y connais de milieu que l'ennui.

« Admettez donc qui vous voudrez à la lecture de mardi; mais écartez les cœurs usés, les âmes desséchées, qui prennent en pitié ces douleurs que nous trouvons si délicieuses. Ces gens-là ne sont bons qu'à parler révolution. Ayez quelques femmes sensibles, des hommes pour qui le cœur n'est pas une chimère, et puis pleurons à plein canal. Je vous promets ce douloureux plaisir, et suis avec respect, madame la comtesse, etc.,...

« BEAUMARCHAIS. »

[2]. *Annales dramatiques*, t. VI. Paris, 1810.

à analyser le passage consacré à cette première représentation :

Les trois premiers actes ont été entendus au milieu du bruit et des huées; le quatrième acte excita un enthousiasme général; le cinquième se soutint grâce au quatrième. En somme, c'est un mélange monstrueux de beautés dramatiques et de trivialités absurdes et ridicules. Le dénouement est heureux, mais le style de la pièce est bas et vulgaire, et trop souvent de mauvais goût.

La Harpe fut sanglant pour ce drame médiocre, et sa critique outrée dépasse même le but. La Harpe est un de ces critiques haineux et jaloux qu'il faut lire et dont il faut admettre les jugements avec une extrême circonspection. Il n'est pas un seul de ses contemporains qu'il ait ménagé, et le bruit qui se fit autour du nom de Beaumarchais, le succès de ses Mémoires, la vogue de ses pièces, n'étaient point faits pour désarmer l'impitoyable et envieux aristarque du célèbre Cours de littérature.

Voici les passages les plus saillants de sa longue étude sur la Mère coupable[1] :

La Mère coupable ne doit pas rester au théâtre, et je me hâte de la mettre de côté comme indigne de Beaumarchais...; tout y est faux, évidemment faux, et l'effet n'en est pas seulement froid, il est ridicule et repoussant. Ce fut celui de la première représentation, où j'assistai, au mois de juin 1792... On n'accueillit qu'avec de longues risées la longue et intolérable scène du quatrième acte.

Et après une étude détaillée du caractère de chaque personnage, La Harpe ajoute :

1. *Lycée ou Cours de littérature ancienne et moderne*, t. XI. Paris, 1825, in-8º; chez Depelafol. Le chapitre consacré à Beaumarchais est très-détaillé, surtout pour ce qui concerne *la Mère coupable*. Une citation complète nous eût entraîné trop loin : le lecteur qui voudra faire une étude sérieuse sur le drame de Beaumarchais devra forcément recourir au volume même.

Les invraisemblances fourmillent de scène en scène, et l'auteur, pour couvrir celle des faits, y joint celle des caractères, ce qui n'est qu'une double faute... Je ne sais s'il y a dans tout ce drame une scène raisonnable, mais en voilà déjà trop ; il ne faut pas user la critique sur tant de déraison. Et le style ? Pour cette fois, l'esprit n'y est pas mêlé au mauvais goût, c'est le mauvais goût dans toute sa pureté... Il n'est pas croyable qu'un si mauvais ambigu reste au Théâtre-Français quand il sera rétabli, non plus que *Tarare* sur celui de l'Opéra Ces deux productions platement folles n'ont de l'esprit de Beaumarchais qu'une bizarrerie qu'il prit pour de l'originalité quand il fut gâté par ses succès, et qui était la partie malheureuse d'un talent qui ne fut pas à portée de s'épurer par l'étude.

Le poëte Robbé de Beauveset, dans sa lettre inédite déjà ci-dessus citée à son ami Desfriches, n'est pas beaucoup plus aimable :

Étant ce jour-là [1] à Paris, j'ai été voir le nouveau drame de Beaumarchais. C'était une soirée bien chaude et bien fatigante. Le drame n'a pas servi à nous mieux faire supporter cet excès de chaleur. Rien de plus fade ni de plus monotone. Beaumarchais, qui a toujours fait rire si fort son monde, ne nous en a pas fourni une seule fois la plus petite occasion pendant ces cinq mortels actes. Toute la salle a un peu pensé comme nous ; on criait, on riait, bien que la pièce n'y prêtât guère, et on n'écoutait pas beaucoup. J'ai été attendri un moment au quatrième acte, mais une seule scène à peu près bonne, dans un ouvrage aussi long, sera insuffisante pour le sauver.

Le savant Forster, dans une lettre adressée de Paris à sa femme, le 1ᵉʳ juillet 1793, lui écrit :

Je ne peux me procurer *la Mère coupable*, pièce de Beaumarchais : elle n'est pas imprimée ; du reste, ce n'est, grand Dieu !

---

1. Le 5 juillet ; c'était à la sixième représentation. Robbé est mort peu après, le 8 novembre 1792, à quatre-vingts ans.

qu'une œuvre bien misérable à côté des autres drames de Beaumarchais! Je l'ai vu jouer, — elle m'ennuya, et cependant je ne suis pas difficile à contenter. Toujours voir l'éternel Almaviva, Figaro et Rosine pendant tout un siècle, et l'on nous menace encore d'une pièce de théâtre qui contiendrait la continuation de l'histoire, en sorte que nous en arriverons aux enfants des enfants de cette noble famille! Si je peux te procurer une copie, tout sera pour le mieux[1].

Geoffroy, le prince des critiques sous le premier empire, est moins que tendre pour la Mère coupable :

C'est une suite de *la Folle journée*, et l'on sait que la suite des folies est presque toujours triste. Avec les mêmes personnages dont il s'était servi avec tant de succès pour les plus extravagantes bouffonneries, l'auteur a trouvé le moyen de faire le drame le plus ennuyeux peut-être et le plus lugubre qu'il y ait sur nos théâtres.

La morale de la pièce, la seule, c'est qu'une femme mariée ne doit jamais garder les lettres de son amant... Beaumarchais, dans aucun de ses ouvrages, n'a étalé un jargon plus entortillé, plus farci d'hyperboles, d'apostrophes, d'emphase pédantesque et puérile[2]...

Je trouve dans un ouvrage, un peu oublié aujourd'hui, de Loëve-Veimars[3], *mais toutefois bon à consulter, et à propos d'une reprise de* la Mère coupable *aux Français, quelques lignes de critique qui ont encore leur valeur :*

Le public de la première représentation se composait de quelques carmagnoles venues là au sortir d'une séance de l'assemblée. Ce public était en général distrait, inquiet, et beaucoup plus préoccupé de Cobourg, de l'invasion, de l'armée de La-

---

1. Forster, *Correspondance*, t. IX, page 46.
2. *Cours de littérature dramatique*, t. III. Paris, Blanchard, 1825.
3. *Le Népenthès*, contes, nouvelles et critiques. 2 vol. in-8°. Paris, Ladvocat, 1833.

fayette, etc., que de la pièce... *La Mère coupable* ne fut composée que pour servir la rancune de Beaumarchais contre Bergasse[1], son adversaire dans l'affaire Kornmann... Ce drame pèche par l'incertitude des caractères et la teinte grise, chagrine et mélancolique qu'ont tous les personnages. Un seul rôle est bien conçu, celui de la mère pieuse et repentante. Quant à Suzanne, ce n'est plus qu'une vieille femme, complétement sacrifiée. Pour Figaro, il n'est plus rien, et l'auteur nous fait voir ce démocrate barbier refusant de boire à la coupe démocratique qu'il a lui-même remplie et fait déborder.

M. de Loménie, le plus complet, mais aussi le plus indulgent des biographes de Beaumarchais, parle en ces termes du drame qui nous occupe :

Faiblement jouée d'abord, *la Mère coupable* n'eut qu'un médiocre succès; reprise plus tard par les comédiens français, en mai 1797, elle réussit complétement, et aujourd'hui encore, quand elle est interprétée par des acteurs habiles, elle produit sur le public une assez vive impression.

Le style en est souvent faible, incorrect et délayé; il est loin de valoir celui du *Barbier de Séville* et du *Mariage de Figaro*; mais le sujet de cette pièce, pris en lui-même, est à la fois très-dramatique et d'une incontestable moralité... La scène du quatrième acte, dans son ensemble, est assurément la plus belle de la pièce : elle ne manque jamais d'émouvoir profondément les spectateurs, et c'est peut-être à elle seule que le drame de *la Mère coupable* doit de s'être maintenu au théâtre jusqu'à nos jours[2].

Le témoignage le plus naturellement important, bien qu'il nous vienne du meilleur ami de Beaumarchais, forcément quelque peu partial malgré lui, se trouve en détail au 7ᵉ volume de l'excellente édition des Œuvres complètes de

---

1. Bégearss, le héros désagréable et répugnant du drame, n'est évidemment que l'anagramme du nom de cet adversaire de Beaumarchais.
2. *Beaumarchais et son temps*, t. II, pages 453 et suiv.

Beaumarchais, *donnée, en 1809, par Gudin de la Brenellerie*[1]. *Voici quelques passages intéressants de la notice consacrée à* la Mère coupable *par Gudin, dans le travail personnel dont il a fait suivre la réimpression des œuvres de son ami*[2] :

Beaumarchais, dans *la Mère coupable*, présenta au public, non une pièce gaie, « une folle journée, » mais le tableau d'une famille égarée par un fourbe hypocrite et recouvrant la paix intérieure par la bonté et la justice de son chef. Cet ouvrage, d'un grand pathétique, a été critiqué sévèrement par les gens qui ont en haine les pièces sérieuses et les drames. . La situation est si forte qu'elle entraîne, et l'intérêt est si touchant qu'il arrache les larmes de tous les yeux. On ne joue point ce drame qu'il ne s'élève des cris au quatrième acte; on est obligé d'emporter des femmes qui se trouvent mal, et d'autres ne se garantissent de l'évanouissement qu'en respirant de l'éther.

Ce drame fut joué pour la première fois le 6 juin 1792 par une nouvelle troupe qui venait d'ouvrir son théâtre au Marais. Les comédiens français, qui ne voulaient point que cette pièce réussît, formèrent contre la pièce une puissante cabale[3], et furent vivement secondés par les perturbateurs du repos public, alors si nombreux, et par les envieux de la fortune ou des talents de l'auteur.

Malgré leurs efforts et le tapage de ce premier jour, la pièce s'acheva, fut accueillie le lendemain avec transport, et se soutint avec honneur, quoique jouée faiblement par les acteurs, peu

---

1. « Un autre, mais plus scrupuleux Beaumarchais », a dit méchamment Grimm de cet inséparable Gudin, de ce loyal et dévoué Pylade que Beaumarchais a appelé lui-même « mon frère, mon ami, mon Gudin ». (Voir la lettre à M. T..., VIIe vol. des *Œuvres complètes*, lettre XLVII.)

2. *Des Drames et des Comédies de Beaumarchais, et de quelques critiques qu'on en a faites*, au tome VII des *Œuvres complètes*. Paris, chez Léopold Collin, 1809.

3. Cette affirmation, dont nous n'avons point trouvé trace dans les autres écrits, journaux ou publications du temps, a souvent été, alors et depuis, imaginée, par les auteurs ou par leurs amis, pour pallier quelque peu un échec souvent mérité. Il ne faut pas oublier que Gudin était le meilleur ami de Beaumarchais; qu'il avait intérêt, par amitié, à mettre sur le compte d'une cabale, peut-être imaginaire, l'insuccès de *la Mère coupable* à la première représentation, et que, d'ailleurs, cet insuccès n'a rien d'étonnant ni d'excessif.

accoutumés à créer des rôles et à supporter les rumeurs du parterre.

Un contemporain illustre, admirateur de Beaumarchais, le compositeur Grétry, estimait assez la Mère coupable *et jugeait, un peu présomptueusement peut-être, les situations de ce drame suffisamment dramatiques pour inspirer sa muse délicate et charmante. M. de Loménie a trouvé, dans les papiers de famille de Beaumarchais, la curieuse lettre suivante* [1] *:*

« Je ne rêve qu'à votre *Mère coupable*. J'ai remarqué que la musique n'est jamais si bien placée et ne fait jamais plus d'effet que lorsqu'elle est rare. Voulez-vous que je choisisse douze places où vous rimerez votre prose, et voilà tout? Je vous réponds qu'on parlera un jour, si vous consentez à ma demande, de la colère d'Almaviva autant qu'on a parlé de la colère d'Achille. Si vous donnez cette pièce aux Italiens, elle peut avoir cinquante représentations de suite; si vous y ajoutez douze ou quinze morceaux de musique, tous capitaux et de genres différents, elle doit en avoir cent, et j'aurai fait de la musique sur un chef-d'œuvre digne du vieux

« GRÉTRY. »

Toutefois, malgré la faiblesse de son exécution et l'époque troublée pendant laquelle il fut joué, le drame de Beaumarchais eut quinze représentations de suite, dont je relève la date précise, d'après le Journal de Paris *:*

1re représon mardi 26 juin, avec *Crispin rival de son maître*.
2e   —   mercredi 27 juin, avec *le Mari retrouvé*.
3e   —   jeudi 28 juin, avec *le Français à Londres*.
4e   —   samedi 30 juin, avec *le Legs*.
5e   —   mardi 3 juillet, le drame est joué seul.
6e   —   jeudi 5 juillet, avec *le Consentement forcé*.
7e   —   samedi 7 juillet, avec *le Procureur arbitre*.

1. *Beaumarchais et son temps*, t. II, page 456.

8ᵉ — mardi 10 juillet, avec *l'Esprit de contradiction*.
9ᵉ — vendredi 13 juillet, avec *la Fête de l'Amour*.
10ᵉ — mardi 17 juillet, avec *le Galant Coureur*.
11ᵉ — vendredi 20 juillet, avec *le Deuil*.
12ᵉ — mardi 24 juillet, avec *la Pupille*.
13ᵉ — samedi 28 juillet, avec *le Procureur arbitre*.
14ᵉ — mardi 31 juillet, avec *le Retour imprévu*.
15ᵉ — dimanche 5 août, avec *les Fausses Infidélités*.

La journée du 10 août emporta provisoirement le drame, en même temps que la monarchie; mais le drame se releva le premier, en 1797, et les comédiens français, que la Terreur avait expulsés de leur salle de la rue de Richelieu[1], *obtinrent de Beaumarchais, avec qui ils se trouvaient à ce moment en de meilleurs termes, l'autorisation de jouer* la Mère coupable *dans la salle de la rue Feydeau, où avaient alors lieu leurs représentations. Le drame de Beaumarchais y fut donné pour la première fois le vendredi 5 mai 1797.*

Beaumarchais prit, ce soir-là, une revanche éclatante, et son drame remporta même un succès véritable, qu'il dut toutefois, avant tout, à la supériorité de son exécution. Il fut même rappelé par les acclamations du public et il dut paraître sur la scène, en compagnie des principaux interprètes de sa pièce. Il a raconté lui-même en quelques mots, dans une lettre adressée à son ami T...[2], *les incidents de cette soirée, la dernière, d'ailleurs, où il lui fut donné de triompher au théâtre :*

....Le Théâtre-Français vient de reprendre mon dernier essai dramatique, fait en 1791, *la Mère coupable*. Soit que la perfection du jeu lui ait donné plus de mérite, soit que l'esprit public se tourne avec un goût plus sûr vers les sujets d'une grande

---

1. Voyez, dans notre notice du *Barbier de Séville*, la note de la page XXX.
2. Correspondance de Beaumarchais, au t. VII des *Œuvres complètes*, lettre XLVII à M. T.... Paris, ce 18 prairial an V (6 juin 1797).

moralité, cette pièce a eu un tel succès que j'en suis étonné moi-même. On m'a violé comme une jeune fille à la première représentation : il a fallu paraître entre Molé, Fleury et mademoiselle Contat. Mais le public qui demandait l'auteur n'est plus cette assemblée moqueuse des talents qui la font pleurer malgré elle; ce n'est plus un homme, dont le plus sot des nobles se croyait supérieur, que l'on veut voir pour en railler; ce sont des citoyens qui ne connaissent de supériorité que celle accordée au mérite ou aux talents, qui désirent voir l'auteur d'un ouvrage touchant, dont les acteurs, rendus à la citoyenneté, viennent de le faire jouir avec délices... Moi qui toute ma vie me suis refusé à cette demande du public, j'ai dû céder, et cet applaudissement prolongé m'a fait passer dans une situation toute neuve; j'étais loué par mes égaux; j'ai pu goûter la dignité de l'homme.

Dans son numéro du 8 mai 1797 (nonidi, 19 floréal an V), le Journal de Paris, *rendant compte de cette soirée, s'exprime en ces termes sur les artistes qui interprétèrent alors* la Mère coupable :

L'exécution est parfaite, mademoiselle Contat, Molé et Fleury, en particulier, y déploient tout ce dont l'art est susceptible; mademoiselle Contat, qui semble faite pour tous les genres, s'y montre avec des avantages jusqu'alors inconnus.

L'auteur et cette sublime actrice ont été demandés, et Beaumarchais est venu cueillir la palme qu'il a si bien méritée.

Je trouve trace, pour la première fois, sur ses registres[1] *de l'année 1799, des représentations de* la Mère coupable *à la Comédie-Française. Une reprise eut lieu le 6 frimaire an VIII (mercredi 27 novembre 1799)*[2]. *Voici, d'après le*

---

1. Les registres de représentation et de recettes, tenus au jour le jour depuis 1680, constituent le recueil le plus précieux des riches archives de la Comédie-Française. Une seule lacune, causée par la dispersion forcée des acteurs, existe de 1793 à 1799 dans cette incomparable collection.

2. C'était quelques mois après la mort de Beaumarchais, survenue dans la nuit du 17 au 18 mai précédent.

livre de distribution des rôles conservé aux archives du Théâtre-Français, le nom des interprètes d'alors :

    Le Comte . . . . Molé[1].
    Bégearss. . . . . Damas.
    Figaro. . . . . Dazincourt.
    Léon. . . . . Armand.
    Fal. . . . . La Cave.
    Guillaume. . . . . Larochelle.
    La Comtesse . . . . Mes Vanhove.
    Suzanne. . . . . Emilie Contat[2].
    Florestine. . . . . Mars cadette.

La pièce, malgré le succès qui l'avait accueillie deux années auparavant, ne fut pourtant jouée que six fois en une année. Voici, d'après les registres de la Comédie, la date et le produit de ces représentations :

    Mercredi 27 novembre 1799. . . . . . . 1,365 fr.
    Samedi 30 novembre 1799. . . . . . . 1,192 »
    Vendredi 6 décembre 1799. . . . . . . 1,213 »
    Samedi 18 janvier 1800. . . . . 3,105 »
    Mercredi 29 janvier 1800. . . . . . . 2,156 »
    Lundi 24 novembre 1800. . . . . 1,945 »

La première représentation de cette reprise, celle du 6 frimaire, avait cependant obtenu un certain succès. Je trouve dans le Journal de Paris *du 8 frimaire an VIII (vendredi 29 novembre 1799) une lettre enthousiaste, signée F..., et qui parle ainsi de cette représentation :*

1. Une édition de la *Mère coupable*, imprimée à part en 1809, donne une double distribution des rôles d'Almaviva, par Molé et Fleury, et de Bégearss, par Fleury et Damas. Mlle Louise Contat jouait alors la Comtesse; M. Armand : Léon; Mlle Lange : Florestine; Dazincourt : Figaro; et Dégligné : M. Fal.

2. Il y avait deux sœurs Contat. La plus célèbre, Louise Contat, est morte en 1813, à cinquante-trois ans. Elle avait épousé un neveu de Parny. La sœur cadette, Émilie, n'est morte qu'en 1846, à soixante-deux ans.

Aux auteurs du Journal.

Citoyens, quoique plein encore de l'émotion que m'a faite, le 6 de ce mois, la citoyenne Vanhove dans le rôle de la mère coupable, je m'empresse de rendre hommage aux talents des acteurs dont elle était entourée.

Le citoyen Molé a joué le rôle du comte avec sa chaleur ordinaire.

Le citoyen Damas mérite beaucoup d'éloges pour la manière dont il a su rendre le rôle de Bégearss.

Le citoyen Dazincourt, dans le rôle de Figaro, a toute l'originalité piquante du style de ce rôle.

Le citoyen Armand est très-intéressant dans le rôle de Léon.

La citoyenne Mars est pleine de grâces, de naturel et d'ingénuité ; le rôle de Florestine est rendu par elle comme l'auteur paraît l'avoir conçu.

Quant à la citoyenne Vanhove, quelle vérité dans son jeu ! quelle chaleur, surtout dans la scène du quatrième acte avec le comte ! Cette scène, la seule vraiment dramatique de la pièce, a été jouée par elle et le citoyen Molé avec une perfection admirable. La citoyenne Vanhove paraissait craindre pour elle, dans les premières scènes, la prévention d'une grande partie des spectateurs : elle a secoué par degré cette timidité, et les applaudissements prolongés du public lui ont prouvé qu'elle avait su s'approprier le rôle de la mère coupable.

F...

III

Au moment où le théâtre du Marais représentait son drame, Beaumarchais était obligé de quitter la France à la suite d'intrigues, de marchés entrepris, d'affaires quelque peu véreuses par lui mises en train et de menaces de poursuites et d'arrestation auxquelles « les tripotages » du père de Figaro allaient infailliblement donner lieu. Quelques jours après cette première représentation de la Mère coupable, *le bruit courut que des spectateurs qui avaient pris copie de la pièce, en l'entendant plusieurs fois de suite, se disposaient à en publier une édition subreptice. Les amis de Beaumarchais, Gudin sans doute à leur tête, jugèrent à propos d'imprimer eux-mêmes et aussitôt* la Mère coupable *telle qu'on l'avait jouée au théâtre du Marais, et sans demander pour cette édition, ce qui était d'ailleurs impossible, l'autorisation de Beaumarchais. Cette édition fut publiée à Paris, chez le libraire Maradan, « l'an deuxième de la République française ». C'est celle-là même que nous reproduisons, car elle est certainement la plus curieuse de toutes. Elle est aujourd'hui excessivement rare : la Bibliothèque nationale elle-même n'en possède point d'exemplaire ; elle renferme des passages ajoutés après coup, et diverses modifications faites en raison des événements nouveaux, et spécialement pour la brochure, et qu'on ne retrouve nulle part ailleurs.*

Dans la même année une autre édition, à peu près conforme à celle-ci, fut mise en vente. C'est peut-être l'édition subreptice que leurs éditeurs ne publièrent point aussi rapidement que celle que mirent au jour les amis de Beaumarchais. En voici le titre exact :

L'autre Tartuffe ou la Mère coupable, drame intrigué en cinq actes, de Beaumarchais. Prix : 1 liv. 10 sols, à Paris, chez Silvestre, rue Pavée, n° 219, l'an II.

A son retour, et après la représentation de la Mère coupable *par les artistes du Théâtre-Français, en 1797, Beaumarchais donna une nouvelle édition de son drame, en désavouant publiquement la précédente. En voici le titre :*

L'autre Tartuffe, ou la Mère coupable, drame en cinq

actes, en prose, par P. A. Caron-Beaumarchais, remis au théâtre de la rue Feydeau, avec des changemens, et joué le 16 floréal an V (5 mai 1797) par les anciens Acteurs du Théâtre-Français[1]. A Paris, chez Rondonneau et Compagnie, au Dépôt des Lois, place du Carrousel, 1797. (*Édition originale.*)

Cette édition[2] *est précédée d'une préface fort curieuse, dans laquelle Beaumarchais s'encense lui-même avec une désinvolture et un sans-gêne sans pareils. Nous la reproduisons ci-après, avant la réimpression de l'édition de 1792, en la complétant à l'aide du manuscrit plus détaillé que nous avons trouvé aux archives du Théâtre-Français.*

Nous avons d'ailleurs rapproché les deux éditions de 1792 et de 1797, et, en les collationnant, nous avons fait ressortir, par des notes qu'on trouvera au bas de presque toutes les pages de notre réimpression, les différences de texte et de mise en scène qui existent entre elles. Enfin, nous avons rejeté à la suite du drame les variantes du précieux manuscrit de la Mère coupable *que la Comédie-Française a découvert dans les papiers de Beaumarchais, achetés à Londres en 1863, et dont nous avons longuement parlé au deuxième volume de cette édition.*

---

1. On lit en outre comme épigraphe :

<blockquote>
On gagne assés dans les familles
Quand on en expulse un méchant.
(*Dernière phrase de la pièce.*)
</blockquote>

2. La troisième édition connue de *la Mère coupable*, en brochure à part, date de 1800. En voici le titre :

« *L'Autre Tartuffe, ou la Mère coupable*, drame moral en cinq actes, représenté pour la première fois à Paris le ( ) juin 1792. A Paris, chez André, imprimeur-libraire, rue de La Harpe, n° 477, an neuf (1800). »

Toutes les éditions détachées qui ont suivi ne sont, comme celle-ci, d'ailleurs, que la reproduction de l'édition de 1797, donnée et approuvée par Beaumarchais.

De nos jours, le dernier drame de Beaumarchais ne se joue plus. La grande scène du quatrième acte elle-même, si mal préparée par les trois ennuyeux actes qui la précèdent, ne produirait probablement plus aujourd'hui l'effet qu'elle a jadis produit. Nous avons pu juger par nous-même du peu d'intérêt qu'offrirait actuellement une reprise de ce drame, en le voyant jouer, il y a une quinzaine d'années, à l'Odéon, où il ne fut donné certes jusqu'au bout, devant le parterre intelligent, lettré et difficile de ce théâtre, que par égard pour l'immortel auteur du Barbier de Séville *et du* Mariage de Figaro.

Octobre 1871.

GEORGES D'HEYLLI.

PRÉFACE

DE

LA MÈRE COUPABLE[1]

Cette préface fut écrite par Beaumarchais dix jours avant la première représentation de son drame et d'abord sous la forme d'une lettre adressée aux auteurs du Journal de Paris. *Il en existe une copie manuscrite — sous cette dernière forme — aux archives de la Comédie-Française*[2], *retouchée et annotée par Beaumarchais lui-même. Du journal la lettre passa à l'état de préface au commencement de la brochure*[3], *mais entièrement refaite et très-considérablement*

---

1. Publiée pour la première fois en tête de l'édition de 1797.
2. Manuscrits achetés à Londres, T Ier. Voyez notre deuxième volume, page 213. Une erreur typographique nous a fait dire, dans ce volume même, en haut de la page 214, ligne 1re, que cette lettre était datée du 16 juin 1795. C'est 1792 qu'il faut lire.
3. En l'année 1797.

augmentée. Le manuscrit que possède la Comédie-Française est la version de 1792; elle devait être mise en tête de la brochure qui aurait été publiée par les soins de Beaumarchais au lendemain de la représentation. Les événements ayant retardé de cinq années la publication de cette préface, Beaumarchais dut la modifier, en raison de ces événements mêmes.

La lettre manuscrite du Théâtre-Français commence de la manière suivante :

Aux auteurs du Journal.

Beaumarchais prie messieurs les rédacteurs de donner cours à cette lettre. Déjà bien des journaux peu honnêtes et mal instruits ont fait de la Mère coupable une caricature immorale et stupide, propre à tromper les spectateurs et à les armer contre l'ouvrage. C'est pour engager ces derniers à l'écouter jusqu'à la fin avec une attention sévère qu'il leur adresse cette lettre, sauf à la critiquer après.

Mes chers concitoyens et frères,

C'est avec les plaisirs du cœur, de la nature et des beaux-arts que nous devons nous consoler des maux inséparables de notre état actuel. En attendant un avenir heureux, cherchez, vous, un nouvel essai de ces plaisirs. Venez voir ma Mère coupable et vous affliger avec elle.

Voici maintenant la préface refaite par Beaumarchais, d'après cette même lettre. Nous consignons en note les passages supprimés qui nous ont paru les plus curieux à conserver et à signaler.

UN MOT SUR LA MÈRE COUPABLE

Pendant ma longue proscription, quelques amis zélés avaient imprimé cette pièce[1], uniquement pour prévenir l'abus d'une contrefaçon infidèle, furtive, et prise à la volée pendant les représentations. Mais ces amis eux-mêmes, pour éviter d'être froissés par les agens de la Terreur, s'ils eussent laissé leurs vrais titres aux personnages espagnols (car alors tout était péril) se crurent obligés de les défigurer, d'altérer même leur langage, et de mutiler plusieurs scènes.

Honorablement rappelé dans ma patrie, après quatre années d'infortunes, et la pièce étant désirée par les anciens acteurs du Théâtre-Français, dont on connaît les grands talents, je la restitue en entier dans son premier état. Cette édition est celle que j'avoue.

Parmi les vues de ces artistes, j'entre dans celle de présenter, en trois séances consécutives, tout le roman de la famille Almaviva, dont les deux premières époques ne semblent pas, dans leur gaîté légère, offrir de rapport bien sensible avec la profonde et touchante moralité de la dernière; mais elles ont, dans le plan de l'auteur, une connexion intime, propre à verser le plus vif intérêt sur les représentations de *la Mère coupable*.

J'ai donc pensé avec les comédiens que nous pouvions dire au public : Après avoir bien ri, le premier jour, au *Barbier de Séville*, de la turbulente jeunesse du comte Almaviva, laquelle est à peu près celle de tous les hommes;

Après avoir, le second jour, gaîment considéré, dans *la Folle Journée*, les fautes de son âge viril, et qui sont trop souvent les nôtres;

Par le tableau de sa vieillesse, et voyant *la Mère coupable*, venez vous convaincre avec nous que tout homme qui n'est pas né un épouvantable méchant finit toujours par être bon,

---

[1]. L'édition dont parle ici Beaumarchais est celle-là même que nous reproduisons ci-après.

quand l'âge des passions s'éloigne, et surtout quand il a goûté le bonheur si doux d'être père ! C'est le but moral de la pièce. Elle en renferme plusieurs autres que ses détails feront ressortir.

Et moi, l'auteur, j'ajoute ici : Venez juger *la Mère coupable*, avec le bon esprit qui l'a fait composer pour vous. Si vous trouvez quelque plaisir à mêler vos larmes aux douleurs, au pieux repentir de cette femme infortunée, si ses pleurs commandent les vôtres, laissez-les couler doucement. Les larmes qu'on verse au théâtre sur des maux simulés, qui ne font pas le mal de la réalité cruelle, sont bien douces. On est meilleur quand on se sent pleurer. On se trouve si bon après la compassion !

Auprès de ce tableau touchant, si j'ai mis sous vos yeux le machinateur, l'homme affreux qui tourmente aujourd'hui cette malheureuse famille, ah ! je vous jure que je l'ai vu agir ; je n'aurais pas pu l'inventer. Le Tartufe de Molière était celui de *la religion* : aussi, de toute la famille d'Orgon, ne trompa-t-il que le chef imbécile. Celui-ci, bien plus dangereux, Tartufe de *la probité*, a l'art profond de s'attirer la respectueuse confiance de la famille entière qu'il dépouille. C'est celui-là qu'il fallait démasquer. C'est pour vous garantir des piéges de ces monstres (et il en existe partout) que j'ai traduit sévèrement celui-ci sur la scène française. Pardonnez-le-moi en faveur de sa punition, qui fait la clôture de la pièce. Ce cinquième acte m'a coûté ; mais je me serais cru plus méchant que Bégearss si je l'avais laissé jouir du moindre fruit de ses atrocités, si je ne vous eusse calmés après des alarmes si vives.

Peut-être ai-je attendu trop tard pour achever cet ouvrage terrible qui me consumait[1] la poitrine, et devait être écrit dans la force de l'âge. Il m'a tourmenté bien longtemps ! Mes deux comédies espagnoles ne furent faites que pour le préparer. Depuis, en vieillissant, j'hésitais de m'en occuper : je craignais de manquer de force ; et peut-être n'en ai-je plus à l'époque où je l'ai tenté ! mais enfin, je l'ai composé dans une intention droite et pure : avec la tête froide d'un homme, et le cœur brûlant d'une femme, comme on l'a pensé de Rousseau. J'ai remarqué que cet ensemble, cet *hermaphrodisme* moral, est moins rare qu'on ne le croit.

---

1. *On lit dans la lettre* : desséchait.

Au reste, sans tenir à nul parti, à nulle secte, *la Mère coupable* est un tableau des peines intérieures qui divisent bien des familles[1]; peines auxquelles malheureusement le divorce, très bon d'ailleurs, ne remédie point. Quoi qu'on fasse, ces plaies secrètes il les déchire au lieu de les cicatriser. Le sentiment de la paternité, la bonté du cœur, l'indulgence, en sont les uniques remèdes. Voilà ce que j'ai voulu peindre et graver dans tous les esprits.

Les hommes de lettres qui se sont voués au théâtre, en examinant cette pièce, pourront y démêler une intrigue de comédie, fondue dans le pathétique d'un drame. Ce dernier genre, trop dédaigné de quelques juges prévenus, ne leur paraissait pas de force à comporter ces deux élémens réunis. L'*intrigue*, disaient-ils, est le propre des sujets gais, c'est le nerf de la comédie : on adapte le *pathétique* à la marche simple du drame, pour en soutenir la faiblesse. Mais ces principes hasardés s'évanouissent à l'application, comme on peut s'en convaincre en s'exerçant dans les deux genres. L'exécution plus ou moins bonne assigne à chacun son mérite; et le mélange heureux de ces deux moyens dramatiques employés avec art peut produire un très grand effet; voici comment je l'ai tenté.

Sur des événements antécédents connus (et c'est un fort avantage) j'ai fait en sorte qu'un drame intéressant existât aujourd'hui entre le comte Almaviva, la comtesse et les deux enfants. Si j'avais reporté la pièce à l'âge inconsistant où les fautes se sont commises, voici ce qui fût arrivé.

D'abord le drame eût dû s'appeler, non *la Mère coupable*, mais l'Épouse infidèle, ou les Époux coupables : ce n'était déjà plus le même genre d'intérêt; il eût fallu y faire entrer des intrigues d'amour, des jalousies, du désordre, que sais-je? de tous autres événemens : et la moralité que je voulais faire sortir d'un manquement si grave aux devoirs de l'épouse honnête, cette moralité, perdue, enveloppée dans les fougues de l'âge, n'aurait pas été aperçue. Mais c'est vingt ans après que les fautes sont consommées, quand les passions sont usées, que leurs objets

---

1. *On lit en plus dans la lettre :* Elle n'a même de rapport à nos événements que par le don patriotique de mes honoraires d'auteur aux braves soldats de nos armées. (Voyez ci-après l'Avertissement.)

n'existent plus, à l'instant où les conséquences d'un désordre presque oublié viennent peser sur l'établissement, sur le sort d'enfans malheureux qui les ont toutes ignorées, et qui n'en sont pas moins les victimes, c'est de ces circonstances graves que la moralité tire toute sa force et devient le préservatif des jeunes personnes bien nées, qui, lisant peu dans l'avenir, sont beaucoup plus près du danger de se voir égarées que de celui d'être vicieuses. Voilà sur quoi porte mon drame.

Puis, opposant au scélérat notre pénétrant Figaro, vieux serviteur très-attaché, le seul être que le fripon n'a pu tromper dans la maison, l'intrigue qui se noue entre eux s'établit sous cet autre aspect.

Le scélérat, inquiet, se dit : En vain j'ai le secret de tout le monde ici, en vain je me vois près de le tourner à mon profit; si je ne parviens pas à faire chasser ce valet, il pourra m'arriver malheur.

D'autre côté, j'entends le Figaro se dire : Si je ne réussis à dépister ce monstre, à lui faire tomber le masque, la fortune, l'honneur, le bonheur de cette maison, tout est perdu. La Suzanne, jetée entre ces deux lutteurs, n'est ici qu'un souple instrument dont chacun entend se servir pour hâter la chute de l'autre.

Ainsi, *la comédie d'intrigue*, soutenant la curiosité, marche tout au travers *du drame*, dont elle renforce l'action, sans en diviser l'intérêt, qui se porte entier sur la mère. Les deux enfans, aux yeux du spectateur, ne courent aucun danger réel. On voit bien qu'ils s'épouseront si le scélérat est chassé, car ce qu'il y a de mieux établi dans l'ouvrage, c'est qu'ils ne sont parens à nul degré, qu'ils sont étrangers l'un à l'autre, ce que savent fort bien, dans le secret du cœur, le comte, la comtesse, le scélérat, Suzanne et Figaro, tous instruits des événemens, sans compter le public qui assiste à la pièce, et à qui nous n'avons rien caché.

Tout l'art de l'hypocrite, en déchirant le cœur du père et de la mère, consiste à effrayer les jeunes gens, à les arracher l'un à l'autre, en leur faisant croire à chacun qu'ils sont enfans du même père! c'est là le fond de son intrigue. Ainsi marche le double plan que l'on peut appeler *complexe*.

Une telle action dramatique peut s'appliquer à tous les temps, à tous les lieux où les grands traits de la nature et tous ceux qui caractérisent le cœur de l'homme et ses secrets ne seront pas trop méconnus.

Diderot, comparant les ouvrages de Richardson avec tous ces romans que nous nommons l'*histoire*, s'écrie, dans son enthousiasme pour cet auteur juste et profond : « Peintre du cœur humain ! c'est toi seul qui ne mens jamais ! » Quel mot sublime ! Et moi aussi, j'essaie encore d'être peintre du cœur humain ; mais ma palette est desséchée par l'âge et les contradictions. *La Mère coupable* a dû s'en ressentir !

Que si ma faible exécution nuit à l'intérêt de mon plan, le principe que j'ai posé n'en a pas moins toute sa justesse. Un tel essai peut inspirer le dessein d'en offrir de plus fortement concertés. Qu'un homme de feu l'entreprenne, y mêlant, d'un crayon hardi, l'*intrigue* avec le *pathétique*. Qu'il broie et fonde savamment les vives couleurs de chacun ; qu'il nous peigne à grands traits l'homme vivant en société, son état, ses passions, ses vices, ses vertus, ses fautes et ses malheurs, avec la vérité frappante que l'exagération même, qui fait briller les autres genres, ne permet pas toujours de rendre aussi fidèlement. Touchés, intéressés, instruits, nous ne dirons plus que le drame est un genre décoloré, né de l'impuissance de produire une tragédie ou une comédie. L'art aura pris un noble essor ; il aura fait encore un pas.

O mes concitoyens ! vous à qui j'offre cet essai ! s'il vous paraît faible ou manqué, critiquez-le, mais sans m'injurier. Lorsque je fis mes autres pièces, on m'outragea longtemps pour avoir osé mettre au théâtre ce jeune Figaro, que vous avez aimé depuis. J'étais jeune aussi, j'en riais. En vieillissant, l'esprit s'attriste, le caractère se rembrunit. J'ai beau faire, je ne ris plus quand un méchant ou un fripon insulte à ma personne, à l'occasion de mes ouvrages : on n'est pas maître de cela[1].

Critiquez la pièce : fort bien. Si l'auteur est trop vieux pour en tirer du fruit, votre leçon peut profiter à d'autres. L'injure ne profite à personne, et même elle n'est pas de bon goût. On peut

---

1. *On lit dans la lettre :* Pourtant, mes chers concitoyens, si ma pièce ne vous plaît pas, n'allez point user vos poumons en invectives contre moi ; moins encore si elle vous plaît, comme on l'a fait assez souvent sur mes ouvrages de théâtre.

offrir cette remarque à une nation renommée par son ancienne politesse, qui la faisait servir de modèle en ce point, comme elle est encore aujourd'hui celui de la haute vaillance[1].

1. Le manuscrit de la lettre du Théâtre-Français se termine par les lignes suivantes, écrites, datées et signées de la main même de Beaumarchais :

« Non, je n'ai pas écrit un mot pour votre amusement ou mes justes défenses que je ne me soie vu en butte aux polissons, aux scélérats, à tout ce que la société a de vil et de méprisable. C'est une rage bien étrange; rien n'a jamais pu l'apaiser. Mais, être calomnié n'est pas mon privilége depuis que nous sommes égaux : du sceptre à la houlette, chacun le partage avec moi.

« O vous qui trouvez du plaisir à mêler vos pleurs aux douleurs, au pieux repentir d'une femme bien malheureuse, venez voir ma *Mère coupable!* Peut-être me saurez-vous gré de sa moralité profonde. Si vous n'aimez point à pleurer, ah! cherchez un autre spectacle, nous n'avons rien à celui-ci que des larmes à vous offrir.

« BEAUMARCHAIS. »

L'AUTRE TARTUFFE,

OU

LA MÈRE COUPABLE,

DRAME MORAL

EN CINQ ACTES,

Représenté pour la première fois à Paris, le 26 juin 1792.

―――

A PARIS,

Chez MARADAN, Libraire, rue du Cimetière André-des-Arts, n° 9.

L'an deuxième de la République française.

AVERTISSEMENT

Cette Pièce n'aurait pas été imprimée, au moins dans ce moment, si de misérables Contrefacteurs n'en avaient pas annoncé une édition subreptice. Les amis de l'Auteur ont cru devoir la prévenir; et pour épargner au Public une édition vicieuse, faite d'après une copie informe, ils ont pris sur eux d'en donner une correcte, et de la publier avant l'époque déterminée par l'Auteur lui-même. L'usage auquel il en destinait le produit[1] a été pour eux une considération de plus, et en serait une nouvelle de poursuivre les Contrefacteurs avec la rigueur autorisée par la loi.

Il a fallu peu de travail pour mettre cette Pièce entièrement à l'ordre du jour. La manière connue de l'Auteur, trop hardie sous le règne du despotisme, respirait d'avance l'amour de la philosophie; il avait pressenti le règne de la liberté : cependant le peu de mots qui auraient pu effaroucher des oreilles nouvellement républicaines en ont été soigneusement retranchés; et comme cet ouvrage contient une excellente leçon de mœurs, il ne pouvait être offert au Public dans un moment plus favorable que celui où notre Gouvernement s'établit sur les bases de la vertu.

[1]. La vente de la pièce devait être faite au profit « des bons soldats des armées ». (Voyez la Préface.)

PERSONNAGES.

ALMAVIVA [1], d'une famille noble, mais sans orgueil.

M.me ALMAVIVA, très-malheureuse, et d'une piété angélique.

LÉON, leur fils, jeune homme épris de la liberté, comme toutes les ames ardentes et neuves.

FLORESTINE, pupille et filleule d'Almaviva, jeune personne d'une grande sensibilité.

BÉGEARSS, Irlandais, Major d'infanterie espagnole, ancien secrétaire d'Almaviva, homme très-profond, et grand machinateur d'intrigues, fomentant le trouble avec art.

FIGARO, valet-de-chambre, chirurgien et homme de confiance d'Almaviva, homme formé par l'expérience du monde et des événemens.

SUZANNE, première Camariste de madame Almaviva, épouse de Figaro, excellente femme, bien attachée à sa Maîtresse, et revenue des illusions du monde.

M. FAL, Notaire d'Almaviva, homme exact et très-honnête.

GUILLAUME, Allemand, valet de M. Bégearss, homme trop simple pour un tel Maître [2].

La Scène est à Paris, dans la maison[3] occupée par la famille d'Almaviva, vers la fin de 1790.

---

1. *Édition suivante :* Le comte Almaviva, grand seigneur espagnol; la comtesse Almaviva; le chevalier Léon.
2. Dans les éditions suivantes, on trouve un personnage en plus : *Un clerc de M. Fal* (personnage muet).
3. *Édit. suiv. :* Dans l'hôtel.

L'AUTRE TARTUFFE

ou

LA MÈRE COUPABLE[1]

ACTE PREMIER.

Le Théâtre représente un Sallon fort orné.

SCÈNE PREMIÈRE.

SUZANNE *seule, tenant des fleurs obscures dont elle fait un bouquet.*

Que Madame s'éveille et sonne, mon triste ouvrage est achevé. (*Elle s'assied avec abandon.*) A peine il est neuf heures, et je me sens déjà d'une fatigue..... Son dernier ordre, en la couchant, m'a gâté ma nuit toute entière :

1. *Édit. suiv.* : La Mère coupable ou l'autre Tartuffe, Drame.

« Demain, Suzanne, au point du jour, fais apporter beau-
« coup de fleurs, et garnis-en mes cabinets.— Au portier: que
« de la journée il n'entre personne pour moi.— Tu me formeras
« un bouquet de fleurs noires et rouge foncé; un seul œillet
« blanc au milieu. » Le voilà. — Pauvre Maîtresse! elle
pleurait!.. Pour qui ce mélange d'apprêts?... Eeeh! si nous
étions en Espagne, ce serait aujourd'hui la fête de son fils
Léon... (*Avec mystère.*) et d'un autre homme qui n'est
plus! (*Elle regarde les fleurs.*) Les couleurs du sang et du
deuil! (*Elle soupire.*) Ce cœur blessé ne guérira jamais! —
Attachons-le d'un crêpe noir, puisque c'est là sa triste fantaisie. (*Elle attache le bouquet.*)

SCÈNE II.

SUZANNE, FIGARO *regardant avec mystère.*

Cette scène doit marcher très-chaudement.

SUZANNE.

Entre donc, Figaro! tu prends l'air d'un amant en bonne fortune chez ta femme!

FIGARO.

Peut-on vous parler librement?

SUZANNE.

Oui, si la porte reste ouverte.

FIGARO.

Eh! pourquoi cette précaution?

SUZANNE.

C'est que l'homme dont il s'agit peut entrer d'un moment à l'autre.

FIGARO [1].

Honoré Tartuffe Bégearss?

SUZANNE.

Et c'est un rendez-vous donné. — Ne t'accoutumes donc pas à charger son nom d'épithètes : cela peut se redire et nuire à tes projets.

FIGARO.

Il s'appelle *Honoré!*

SUZANNE.

Mais non pas Tartuffe.

FIGARO.

Morbleu!

SUZANNE.

Tu as le ton bien soucieux!

FIGARO.

Furieux. (*Elle se lève.*) Est-ce là notre convention?

1. Variante 1re.

M'aidez-vous franchement, Suzanne, à prévenir un grand désordre ? Serais-tu dupe encore de ce très-méchant homme ?

Suzanne.

Non, mais je crois qu'il se méfie de moi : il ne me dit plus rien. J'ai peur, en vérité, qu'il ne nous croie raccommodés.

Figaro.

Feignons toujours d'être brouillés.

Suzanne.

Mais qu'as-tu donc appris qui te donne une telle humeur !

Figaro.

Recordons-nous d'abord sur les principes. Depuis que nous sommes à Paris, et que M. Almaviva..... (il faut bien lui donner son nom, puisqu'il ne souffre plus qu'on l'appelle Monseigneur.)

Suzanne, *avec humeur.*

C'est beau ! et Madame sort sans livrée ! Nous avons l'air de tout le monde !

Figaro.

Aimeriez-vous mieux n'avoir l'air de personne[1] ? Depuis, dis-je, qu'il a perdu, par une querelle de jeu, son libertin de fils aîné, tu sais comment tout a changé pour nous, comme l'humeur d'Almaviva est devenue sombre et terrible.....

---

1. Cette phrase est supprimée dans les éditions suivantes.

SUZANNE.

Tu n'es pas mal bourru non plus !

FIGARO.

Comme son autre fils paraît lui devenir odieux....

SUZANNE.

Que trop !

FIGARO.

Comme sa femme est malheureuse....

SUZANNE.

C'est un grand crime qu'il commet.

FIGARO.

Comme il redouble de tendresse pour sa pupille Florestine ; comme il fait sur-tout des efforts pour dénaturer sa fortune....

SUZANNE.

Sais-tu, mon pauvre Figaro, que tu commences à radoter ? Si je sais tout cela, qu'est-il besoin de me le dire ?

FIGARO.

Encore faut-il bien s'expliquer pour s'assurer que l'on s'entend. N'est-il pas avéré pour nous que cet astucieux Irlandais, le fléau de cette famille, après avoir chiffré, comme secrétaire, dans quelques ambassades auprès d'Almaviva, s'est emparé de leurs secrets à tous; que ce profond machinateur a su les entraîner de l'indolente Espagne en ce pays, remué de fond en comble, espérant y mieux profiter de la désunion où ils vivent pour séparer le mari de la femme, épouser la jeune pupille et envahir les biens d'une maison qui se délabre?

Suzanne [1].

Enfin, moi, que puis-je à cela?

Figaro.

Ne jamais le perdre de vue, me mettre au cours de ses démarches.

Suzanne.

Mais je te rends tout ce qu'il dit.

Figaro.

Oh! ce qu'il dit n'est que ce qu'il veut dire; mais saisir en parlant les mots qui lui échappent, le moindre geste, un mouvement : c'est-là qu'est le secret de l'ame. Il se trame ici quelque horreur; il faut qu'il s'en croie assuré, car je lui trouve un air.... plus faux, plus perfide et plus fat, cet air des sots de ce pays : triomphant avant le succès! Ne peux-tu être aussi perfide que lui, l'amadouer, le bercer d'espoir? quoi qu'il demande, ne le pas refuser?

Suzanne.

C'est beaucoup!

---

1. Variante 2.

FIGARO.

Tout est bien et tout marche au but, si j'en suis promptement instruit.

SUZANNE.

Et si j'en instruis ma maîtresse ?

FIGARO.

Il n'est pas temps encore : ils sont tous subjugués par lui. On ne te croirait pas : tu nous perdrais sans les sauver. Suis-le par-tout, comme son ombre.... et moi je l'épie au-dehors....

SUZANNE.

Mon ami, je t'ai dit qu'il se défie de moi; et s'il nous surprenait ensemble.... Le voilà qui descend... Ferme !... Ayons l'air de quereller bien fort. (*Elle pose le bouquet sur la table.*)

FIGARO, *élevant la voix*.

Moi, je ne le veux pas ! Que je t'y prenne une autre fois !...

SUZANNE, *élevant la voix*.

Certes, oui !... je te crains beaucoup !

FIGARO, *feignant de lui donner un soufflet*.

Ah !... tu me crains !... Tiens, insolente.

SUZANNE, *feignant de l'avoir reçu.*

Des coups à moi! chez ma maîtresse!

SCÈNE III.

Le Major BÉGEARSS, FIGARO, SUZANNE.

BÉGEARSS, *en uniforme, un crêpe noué au bras.*

Eh! mais, quel bruit! Depuis une heure j'entends disputer de chez moi....

FIGARO, *à part.*

Depuis une heure!

BÉGEARSS.

Je sors; je trouve une femme éplorée....

SUZANNE, *feignant de pleurer.*

Le malheureux lève la main sur moi!

BÉGEARSS.

Ah! l'horreur! Monsieur Figaro! un galant homme a-t-il jamais frappé une personne de l'autre sexe?

Figaro, *brusquement.*

Eh! morbleu! Monsieur, laissez-nous! Je ne suis point *un galant homme*, et cette femme n'est point *une personne de l'autre sexe :* elle est ma femme, une insolente qui se mêle dans des intrigues, et qui croit pouvoir me braver parce qu'elle a ici des gens qui la soutiennent. Oh! j'entends la morigéner....

Bégearss.

Est-on brutal à cet excès?

Figaro.

Monsieur, si je prends un arbitre de mes procédés envers elle, ce sera moins vous que tout autre, et vous savez trop bien pourquoi!

Bégearss.

Vous me manquez, Monsieur! je vais m'en plaindre à votre maître.

Figaro, *raillant.*

Vous manquer, moi! C'est impossible. (*Il sort.*)

SCÈNE IV.

BÉGEARSS, SUZANNE.

BÉGEARSS.

Mon enfant, je n'en reviens point. Quel est donc le sujet de son emportement ?

SUZANNE.

Il m'est venu chercher querelle; il m'a dit cent horreurs de vous. Il me défendait de vous voir, de jamais oser vous parler. J'ai pris votre parti; la dispute s'est échauffée : elle a fini par un soufflet.... Voilà le premier de sa vie; mais moi, je veux me séparer. Vous l'avez vu....

BÉGEARSS.

Laissons cela. — Quelque léger nuage altérait ma confiance en toi, mais ce débat l'a dissipé.

SUZANNE.

Sont-ce là vos consolations ?

BÉGEARSS.

Vas! c'est moi qui t'en vengerai. Il est bien temps que je m'acquitte envers toi, ma pauvre Suzanne ! Pour commencer, apprends un grand secret.... Mais sommes-nous bien sûrs que la porte est fermée ? (*Suzanne y va voir. — Il dit à part :*) Ah! si je puis avoir seulement trois minutes l'écrain au double fond que j'ai fait faire à sa maîtresse, où sont ces importantes lettres....

SUZANNE *revient.*

Eh bien! ce grand secret?

BÉGEARSS.

Sers ton ami : ton sort devient superbe. J'épouse Florestine ; c'est un point arrêté : son père le veut absolument.

SUZANNE.

Qui, son père?

BÉGEARSS, *en riant.*

Eh! d'où sors-tu donc? Règle certaine, mon enfant : lorsque telle orpheline arrive chez quelqu'un, comme pupille ou bien comme filleule, elle est toujours la fille du mari[1]. (*D'un ton sérieux.*) Bref, je puis l'épouser.... si tu me la rends favorable.

SUZANNE.

Oh! mais *Léon* en est très-amoureux!

BÉGEARSS, *froidement.*

Leur fils.... Je l'en détacherai.

SUZANNE, *étonnée.*

Ha!... Elle aussi, elle est fort éprise.

1. Variante 3.

BÉGEARSS.

De lui?

SUZANNE.

Oui.

BÉGEARSS, *froidement.*

Je l'en guérirai.

SUZANNE, *plus surprise.*

Ha! ha! Madame, qui le sait, donne les mains à leur union.

BÉGEARSS, *froidement.*

Nous la ferons changer d'avis.

SUZANNE, *stupéfaite.*

Aussi! Mais Figaro, si je le vois bien, est le confident du jeune homme.

BÉGEARSS.

C'est le moindre de mes soucis. Ne serais-tu pas aise d'en être délivrée?

SUZANNE.

S'il ne lui arrive aucun mal.

BÉGEARSS.

Fi donc! la seule idée flétrit l'austère probité. Mieux instruits sur leurs intérêts, ce sont eux-mêmes qui changeront d'avis.

SUZANNE, *incrédule.*

Si vous faites cela, Monsieur....

BÉGEARSS, *appuyant.*

Je le ferai. — Tu sens que l'amour n'est pour rien dans un pareil arrangement. (*L'air caressant.*) Je n'ai jamais vraiment aimé que toi.

SUZANNE.

Ah! si Madame avait voulu....

BÉGEARSS.

Je l'aurais consolée, sans doute; mais elle a dédaigné mes vœux[1]... Suivant le plan d'Almaviva[2], sa femme va au couvent.

SUZANNE, *vivement.*

Je ne me prête à rien contre elle.

BÉGEARSS.

Que diable! il la sert dans ses goûts. Je t'entends toujours dire : Ah! c'est un ange sur la terre!

SUZANNE, *en colère.*

Eh bien! faut-il la tourmenter?

1. Variante 4.
2. *Édit. suiv.* : Suivant le plan que le Comte a formé.

BÉGEARSS, *riant.*

Non, mais du moins la rapprocher de ce ciel, la patrie des anges, dont elle est un moment tombée.... Et puisque dans ces nouvelles et merveilleuses lois le divorce s'est établi [1].....

SUZANNE, *vivement.*

Il divorcerait !

BÉGEARSS.

S'il peut.

SUZANNE, *en colère.*

Ah! les scélérats d'hommes! Quand on les étranglerait tous!....

BÉGEARSS.

J'aime à croire que tu m'en exceptes?

SUZANNE.

Ma foi, pas trop.

BÉGEARSS, *riant.*

J'adore ta franche colère : elle met à jour ton bon cœur. Quant au jeune amoureux [2], il le destine à voyager.... longtemps. — Le Figaro, homme expérimenté, sera son discret conducteur. (*Il lui prend la main.*) Et voici ce qui nous concerne : Almaviva, Florestine et moi, habiterons le même hôtel; et la chère *Suzanne*, à nous, chargée de toute la confiance, sera notre surintendant, commandera la do-

---

1. Variante 5.
2. *Édit. suiv.* : Quant à l'amoureux Chevalier.

mesticité, aura la grande main sur-tout. Plus de mari, plus de soufflets, plus de brutal contradicteur : des jours filés d'or et de soie, et la vie la plus fortunée !....

SUZANNE.

A vos cajoleries, je vois que vous voulez que je vous serve auprès de Florestine ?

BÉGEARSS.

A dire vrai, j'ai compté sur tes soins. Tu fus toujours une excellente femme. J'ai tout le reste dans ma main ; ce point seul est entre les tiennes. (*Vivement.*) Par exemple, aujourd'hui, tu peux nous rendre un signalé service....

(*Suzanne l'examine.*)

BÉGEARSS *se reprend.*

Je dis un *signalé*, par l'importance qu'il y met (*Froidement.*), car, ma foi, c'est bien peu de chose. Almaviva aurait la fantaisie de donner à sa fille, en signant le contrat, une parure absolument semblable aux diamans de la Comtesse. Il ne voudrait pas qu'on le sût.

SUZANNE.

Ha! ha!

BÉGEARSS.

Ce n'est pas trop mal vu : de beaux diamans terminent bien des choses! Peut-être il va te demander d'apporter l'écrain de sa femme, pour en confronter les dessins avec ceux de son joaillier¹. Tiens, vois-tu : le voici qui vient².

SCÈNE V.

ALMAVIVA, SUZANNE, BÉGEARSS.

ALMAVIVA.

Monsieur Bégearss, je vous cherchais.

BÉGEARSS.

Avant d'entrer chez vous, Monsieur, je venais prévenir Suzanne que vous avez dessein de lui demander³ cet écrain....

SUZANNE.

Au moins, Monseigneur, vous sentez....

ALMAVIVA.

Eh ! laisse-là ton Monseigneur. N'ai-je pas ordonné, en passant dans ce pays-ci....

---

1. *Édit. suiv. :*

SUZANNE.

Pourquoi comme ceux de Madame? C'est une idée assez bizarre.

BÉGEARSS.

Il prétend qu'ils soient aussi beaux. Tu sens pour moi combien c'était égal.
2. Variante 6.
3. Variante 7.

SUZANNE.

Il semble que[1] cela nous amoindrit.

ALMAVIVA.

C'est que tu t'entends mieux en vanité qu'en vraie fierté[2].

SUZANNE.

Eh bien, Monsieur, du moins vous me donnez votre parole....

ALMAVIVA, *fièrement*.

Depuis quand suis-je méconnu ?

SUZANNE.

Je vais donc vous l'aller chercher. (*A part.*) Dame! Figaro m'a dit de ne rien refuser....

SCÈNE VI.

ALMAVIVA, BÉGEARSS.

ALMAVIVA.

J'ai tranché sur le point qui paraissait l'inquiéter.

1. *Édit. suiv.* : Je trouve, Monseigneur, que....
2. Variante 8.

BÉGEARSS.

Il en est un, Monsieur, qui m'inquiète beaucoup plus. Je vous trouve un air accablé....

ALMAVIVA.

Te le dirai-je, ami? La perte de mon fils me semblait le plus grand malheur. Un chagrin plus poignant fait saigner ma blessure et rend ma vie insupportable.

BÉGEARSS.

Si vous ne m'aviez pas interdit de vous contrarier là-dessus, je vous dirais que votre second fils....

ALMAVIVA, *vivement*.

Mon second fils! je n'en ai point.

BÉGEARSS.

Calmez-vous, Monsieur; raisonnons. La perte d'un enfant chéri peut vous rendre injuste envers l'autre, envers votre épouse, envers vous. Est-ce donc sur des conjectures qu'il faut juger de pareils faits?

ALMAVIVA.

Des conjectures! Ah! j'en suis trop certain; mon grand chagrin est de manquer de preuves. — Tant que mon pauvre fils vécut, j'y mettais fort peu d'importance : héritier de mon nom, de mes places, de ma fortune.... que me faisait cet autre individu? Mon froid dédain, un nom de terre¹, une pension, m'auraient vengé de sa mère et de lui. Mais conçois-tu mon désespoir, en perdant un fils adoré, de voir un étranger succéder à ce rang, à ces titres, et, pour irriter ma douleur, venir tous les jours me donner le nom odieux de son père?

BÉGEARSS.

Monsieur, je crains de vous aigrir en cherchant à vous appaiser. Mais la vertu de votre épouse....

ALMAVIVA, *avec colère.*

Ah! ce n'est qu'un crime de plus. Couvrir d'une vie exemplaire un affront tel que celui-là! Commander vingt ans, par ses mœurs et la piété la plus sévère, l'estime et le respect du monde, et verser sur moi seul, par cette conduite affectée, tous les torts qu'entraîne après soi ma prétendue bizarrerie! Ma haine pour eux s'en augmente.

BÉGEARSS.

Que vouliez-vous donc qu'elle fît, même en la supposant coupable? Est-il au monde quelque faute qu'un repentir de vingt années ne doive effacer à la fin? Fûtes-vous sans reproche vous-même? Et cette jeune Florestine, que vous nommez votre pupille, et qui vous touche de plus près....

ALMAVIVA².

Qu'elle assure donc ma vengeance! Je dénaturerai mes

---

1. *Édit. suiv.* : Une croix de Malte.
2. Variante 9.

biens et lui ferai tout passer. Déjà trois millions d'or, arrivés de la *Vera Crux*, vont lui servir de dot; et c'est à toi que je les donne. Aides-moi seulement à jeter sur ce don un voile impénétrable. En acceptant mon portefeuille et te présentant comme époux, suppose un héritage, un legs de quelque parent éloigné....

BÉGEARSS, *montrant le crêpe de son bras.*

Voyez que, pour vous obéir, je me suis déjà mis en deuil.

ALMAVIVA.

Quand j'aurai l'agrément de ma cour[1], pour l'échange entamé de toutes mes terres d'Espagne contre des biens dans ce pays, je trouverai moyen de vous en assurer la possession à tous deux.

BÉGEARSS, *vivement.*

Et moi je n'en veux point. Croyez-vous que sur des soupçons.... peut-être encore très-peu fondés, j'irai me rendre le complice de la spoliation entière de l'héritier de votre nom, d'un jeune homme plein de mérite? car il faut avouer qu'il en a....

ALMAVIVA, *impatienté.*

Plus que mon fils, voulez-vous dire? Chacun le pense comme vous: cela m'irrite contre lui.

1. *Édit. suiv.* : Du Roi.

BÉGEARSS.

Si votre pupille m'accepte, et si sur vos grands biens vous prélevez, pour la doter, ces trois millions d'or du Mexique, je ne supporte point l'idée d'en devenir propriétaire, et ne les recevrai qu'autant que le contrat en contiendra la donation, que mon amour sera censé lui faire.

ALMAVIVA *le serre dans ses bras.*

Loyal et franc ami! quel époux je donne à ma fille!...

SCÈNE VII.

SUZANNE, ALMAVIVA, BÉGEARSS.

SUZANNE.

Monsieur, voilà le coffre aux diamans; ne le gardez pas trop long-temps, que je puisse le remettre en place avant qu'il soit jour chez Madame.

ALMAVIVA.

Suzanne, en t'en allant, défends qu'on entre, à moins que je ne sonne.

SUZANNE, *à part.*

Avertissons Figaro de ceci.

SCÈNE VIII.

ALMAVIVA, BÉGEARSS.

BÉGEARSS.

Quel est votre projet sur l'examen de cet écrain ?

ALMAVIVA [1] *tire un bracelet de sa poche.*

Je ne veux plus te déguiser tous les détails de mon affront. Écoute. Un certain Léon d'Astorga, qui fut jadis mon page, et que l'on nommait Chérubin....

BÉGEARSS.

Je l'ai connu : nous, servions dans le régiment dont je vous dois d'être major; mais il y a vingt ans qu'il n'est plus.

ALMAVIVA.

C'est ce qui fonde mon soupçon. Il eut l'audace de l'aimer. Je la crus éprise de lui; je l'éloignai d'Andalousie par un emploi dans ma légion. Un an après la naissance du fils.... qu'un combat détesté m'enlève, (*Il met la main à ses yeux*) lorsque je m'embarquai pour aller commander au Mexique [2], au lieu de rester à Madrid ou dans mon palais à Séville, ou d'habiter Aguas-Frescas qui est un superbe

---

1. *Édit. suiv.*: Tire de sa poche un bracelet entouré de brillants.
2. *Édit. suiv.*: Vice-Roi du Mexique.

séjour, quelle retraite, ami, crois-tu que ma femme choisit? Le vilain château d'Astorga, chef-lieu d'une méchante terre que j'avais achetée des parens de ce page. C'est-là qu'elle a voulu passer les trois années de mon absence, qu'elle y a mis au monde.... (après neuf ou dix mois, que sais-je?) ce misérable enfant qui porte les traits d'un perfide. Jadis, lorsque l'on m'avait peint pour le bracelet qu'elle porte[1], le peintre, ayant trouvé ce page fort joli, désira d'en faire une étude : c'est un des beaux tableaux de mon cabinet....

BÉGEARSS.

Oui... (*Il baisse les yeux*) à telles enseignes que votre épouse...

ALMAVIVA, *vivement*.

Ne veut jamais le regarder. Eh bien! sur ce portrait j'ai fait faire celui-ci dans ce bracelet, pareil en tout au sien, fait par le même joaillier qui monta tous ses diamans; je vais le substituer à la place du mien. Si elle en garde le silence, vous sentez que ma preuve est faite. Sous quelque forme qu'elle en parle, une explication sévère éclaircit ma honte à l'instant.

BÉGEARSS.

Si vous demandez mon avis, Monsieur, je blâme un tel projet.

ALMAVIVA.

Pourquoi?

BÉGEARSS.

L'honneur répugne à de pareils moyens. Si quelque ha-

---

1. *Édit. suiv.:* De la Comtesse.

sard, heureux ou malheureux, vous eût présenté certains faits, je vous excuserais de les approfondir. Mais tendre un piége, des surprises! Eh! quel homme un peu délicat voudrait prendre un tel avantage sur son plus mortel ennemi?

ALMAVIVA.

Il est trop tard pour reculer : le bracelet est fait; le portrait du page est dedans...

BÉGEARSS *prend l'écrain.*

Monsieur, au nom du véritable honneur !...

ALMAVIVA *a enlevé le bracelet de l'écrain.*

Ah! mon cher portrait, je te tiens! J'aurai du moins la joie d'en orner le bras de ma fille, cent fois plus digne de le porter!... (*Il y substitue l'autre.*)

BÉGEARSS *feint de s'y opposer; ils tirent chacun l'écrain de leur côté. Bégearss fait ouvrir adroitement le double fond, et dit avec colère :*

Ah! voilà la boîte brisée!

ALMAVIVA *regarde.*

Non, ce n'est qu'un secret que le débat a fait ouvrir. Ce double fond renferme des papiers [1].

---

1. *Édit. suiv.* : Il veut l'ouvrir.

BÉGEARSS, *s'y opposant.*

Je me flatte, Monsieur, que vous n'abuserez point...

ALMAVIVA, *impatient.*

« Si quelque heureux hasard vous eût présenté certains faits, me disais-tu dans le moment, je vous excuserais de les approfondir. » Le hasard me les offre, et je vais suivre ton conseil. (*Il arrache les papiers.*)

BÉGEARSS, *avec chaleur.*

Pour l'espoir de ma vie entière, je ne voudrais pas devenir complice d'un tel attentat! Remettez ces papiers, Monsieur, ou souffrez que je me retire. (*Il s'éloigne.*)

(*Almaviva tient les papiers, et lit le premier qui se présente. — Bégearss le regarde en dessous, et s'applaudit secrètement.*)

ALMAVIVA, *avec fureur.*

Je n'en veux pas apprendre davantage : renferme tous les autres, et moi je garde celui-ci.

BÉGEARSS.

Non, quel qu'il soit, vous avez trop d'honneur pour commettre une...

ALMAVIVA, *fièrement.*

Une?... Achevez; tranchez le mot, je puis l'entendre.

BÉGEARSS, *se courbant.*

Pardon, Monsieur, mon bienfaiteur, et n'imputez qu'à ma douleur l'indécence de mon reproche.

ALMAVIVA.

Loin de t'en savoir mauvais gré, je t'en estime davantage. (*Il se jette sur un fauteuil.*) Ah! perfide Rosine! car, malgré mes légèretés, elle est la seule pour qui j'aye éprouvé... J'ai subjugué les autres femmes. Ah! je sens à ma rage combien cette indigne passion!... Je me déteste de l'aimer.

BÉGEARSS.

Au nom de Dieu, Monsieur, remettez ce fatal papier.

SCÈNE IX.

FIGARO, ALMAVIVA, BÉGEARSS.

ALMAVIVA *se lève.*

Homme importun, que voulez-vous?

FIGARO.

J'entre parce qu'on a sonné.

ALMAVIVA, *en colère.*

J'ai sonné ? Valet curieux !...

FIGARO.

Interrogez le joaillier, qui l'a entendu comme moi.

ALMAVIVA.

Mon joaillier ! que me veut-il ?

FIGARO.

Il dit qu'il a un rendez-vous pour un bracelet qu'il a fait.

BÉGEARSS, *s'apercevant qu'il cherche à voir l'écrain[1], fait ce qu'il peut pour le masquer.*

Ah !... qu'il revienne un autre jour.

FIGARO, *avec malice.*

Mais, pendant que Monsieur a l'écrain de Madame ouvert, il serait peut-être à propos...

ALMAVIVA, *en colère.*

Monsieur l'inquisiteur, partez ! et s'il vous échappe un seul mot...

FIGARO.

Un seul mot ? j'aurais trop à dire. Je ne veux rien faire à

---

1. *Édit. suiv.* : Qui est sur la table.

demi. (*Il examine l'écrain, le papier que tient Almaviva, lance un coup-d'œil fier à Bégearss*[1] *et sort.*)

SCÈNE X.

BÉGEARSS, ALMAVIVA.

Le Comte[2].

Refermons ce perfide écrain. J'ai la preuve que je cherchais. Je la tiens, j'en suis désolé ! Pourquoi l'ai-je trouvée ? Ah ! Dieux, lisez, lisez, Monsieur Bégearss.

Bégearss, *refusant le papier*[3].

Entrer dans de pareils secrets ! Dieu préserve qu'on m'en accuse !

Le Comte.

Quelle est donc la sèche amitié qui repousse mes confidences ! Je vois qu'on n'est compatissant que pour les maux qu'on éprouve[4] soi-même.

---

1. *Édit. suiv.* : Le papier que tient le Comte, lance un fier coup d'œil...
2. On remarquera que, dans cette première édition, et sans doute par une simple erreur de copiste, reproduite à l'impression, Almaviva est tantôt désigné par son seul nom, et tantôt aussi par son titre, alors proscrit.
3. *Édit. suiv.* : repoussant le papier.
4. *Édit. suiv.* : qu'on éprouva.

BÉGEARSS.

Quoi! pour refuser ce papier!... (*Vivement.*) Serrez-le donc, voici Suzanne. (*Il referme vîte le secret de l'écrain. — Le Comte met la lettre dans sa veste sur sa poitrine.*)

SCÈNE XI.

SUZANNE, ALMAVIVA, BÉGEARSS.
Le Comte est accablé.

SUZANNE *accourt*.

L'écrain, l'écrain! Madame sonne.

BÉGEARSS *le lui donne*.

Suzanne, vous voyez que tout y est en bon état.

SUZANNE.

Qu'a donc Monsieur? Il est troublé!

BÉGEARSS.

Ce n'est rien qu'un peu de colère contre votre indiscret mari, qui est entré malgré ses ordres.

Suzanne, *finement.*

Je l'avais dit pourtant de manière à être entendue !

(*Elle sort.*)

SCÈNE XII.

LÉON, ALMAVIVA, BÉGEARSS.

Almaviva *veut sortir; il voit entrer Léon.*

Voici l'autre !

Léon, *timidement, veut embrasser Almaviva.*

Mon père, agréez mon respect. Avez-vous bien passé la nuit ?

Almaviva, *séchement, le repousse.*

Où fûtes-vous, Monsieur, hier au soir ?

Léon.

Mon père, on me mena dans un club très-fameux[1].

---

1. *Édit. suiv.* : dans une assemblée estimable, *et*, dans le manuscrit du Théâtre-Français : dans un club très-accrédité.

ALMAVIVA.

Où vous fîtes une lecture?

LÉON.

On m'invita d'y lire un essai que j'ai fait sur l'abus des vœux monastiques, et le droit de s'en relever.

ALMAVIVA, *amèrement.*

Les vœux des chevaliers en sont.

BÉGEARSS.

Qui fut, dit-on, très-applaudi.

LÉON.

Monsieur, on a montré quelque indulgence pour mon âge.

ALMAVIVA.

Donc, au lieu de vous préparer à partir pour vos caravanes, à bien mériter de votre ordre, vous vous faites des ennemis! Vous allez composant, écrivant sur le ton du jour, lisant des pamphlets dans les clubs! Bientôt on ne distinguera plus un gentilhomme d'un savant!

LÉON, *timidement.*

Mon père, on en distinguera mieux un ignorant d'un homme instruit, et l'homme libre de l'esclave [1].

1. *Édit. suiv.* Ce dernier trait n'est que dans la première édition.

ALMAVIVA.

Discours d'enthousiaste! On voit où vous en voulez venir, et pour quel parti vous penchez[1]. (*Il veut sortir.*)

LÉON.

Mon père!...

ALMAVIVA, *dédaigneux*.

Laissez à l'artisan des villes ses locutions triviales! les gens de notre état ont un langage plus élevé. Qui-est-ce qui dit mon père à la cour? Monsieur, appelez-moi Monsieur[2]... Son père! (*Il sort, Léon le suit. Il regarde Bégearss qui fait un geste de compassion.*) Allons, monsieur Bégearss, allons[3].

(*Il sort.*)

---

1. *Édit. suiv.* Ce dernier trait n'est que dans la première édition.
2. *Édit. suiv.* : Vous sentez l'homme du commun.
3. Variante 10.

FIN DU PREMIER ACTE.

ACTE II

Le Théâtre représente la Bibliothèque d'Almaviva.

SCÈNE PREMIÈRE.

ALMAVIVA.

Puisqu'enfin je suis seul, lisons cet étonnant écrit qu'un hasard presque inconcevable a fait tomber entre mes mains. (*Il tire de son sein la lettre de l'écrain, et la lit en pesant sur tous les mots.*) « Malheureux insensé, notre sort est « rempli! La surprise nocturne que vous avez osé me faire « dans un château où vous fûtes élevé, dont vous connais- « siez les détours, la violence qui s'en est suivie, enfin votre « crime, le mien... le mien... reçoit sa juste punition. « Aujourd'hui, jour de S. Léon, patron de ce lieu et le « vôtre, je viens de mettre au monde un fils, mon opprobre « et mon désespoir. Graces à de tristes précautions, l'hon- « neur est sauf, mais la vertu n'est plus. Condamnée dé- « sormais à des larmes intarissables, je sens qu'elles n'effa- « ceront point un crime... dont l'effet reste subsistant. Ne

« me voyez jamais : c'est l'ordre irrévocable de la misérable
« Rosine, qui n'ose plus signer un autre nom. » (*Il porte
ses mains avec sa lettre à son front et se promène*)... Qui
n'ose plus signer un autre nom !... Ah ! Rosine ! Rosine ! où
est le temps... mais tu t'es avilie !... (*Il s'agite.*) Ce n'est
point là l'écrit d'une méchante femme ! Un misérable corrupteur !... Mais voyons sa réponse, écrite sur la même lettre. (*Il lit.*) « Puisque je ne dois plus vous voir, la vie m'est
« odieuse, et je vais la perdre avec joie dans la vive attaque
« d'un fort où je ne suis point commandé.

« Je vous renvoie tous vos reproches, le portrait que j'ai
« fait de vous et la boucle de cheveux que je vous dérobai.
« L'ami qui vous rendra ceci quand je ne serai plus est sûr.
« Il a vu tout mon désespoir. Si la mort d'un infortuné
« vous inspirait un reste de pitié, parmi les noms qu'on va
« donner à l'héritier.... d'un autre plus heureux..., puis-je
« espérer que le nom de *Léon*... vous rappellera quelquefois
« le souvenir du malheureux qui expira en vous adorant, et
« signe pour la dernière fois : *Chérubin-Léon d'Astorga !* »

Puis, en caractères sanglans : « Blessé à mort, je rouvre
« cette lettre et vous écris avec mon sang ce douloureux,
« cet éternel adieu. Souvenez-vous... »

Le reste est effacé par des larmes. (*Il s'agite.*) Ce n'est
point là non plus l'écrit d'un méchant homme ! Un malheureux égarement... (*Il s'assied et reste absorbé.*) Je me
sens déchiré !

SCÈNE II.

BÉGEARSS, ALMAVIVA.

Bégearss, en entrant, s'arrête, le regarde et se mord le doigt avec mystère.

ALMAVIVA.

Ah ! mon cher ami, venez donc !... vous me voyez dans un accablement...

BÉGEARSS.

Très-effrayant, Monsieur ; je n'osais avancer.

ALMAVIVA.

Je viens de lire cet écrit. Non, ce n'était point là des ingrats ni des monstres, mais de malheureux insensés, comme ils se le disent eux-mêmes.

BÉGEARSS.

Je l'ai présumé comme vous.

ALMAVIVA *se lève et se promène.*

Les misérables femmes, en se laissant séduire, ne savent guères les maux qu'elles apprêtent. Elles vont, elles vont... les affronts s'accumulent... et le monde, injuste et léger, accuse un père qui se tait, qui dévore en secret ses peines !... on le taxe de dureté pour les sentimens qu'il refuse au fruit d'un coupable adultère .. Nos désordres, à nous, ne leur enlèvent presque rien, ne peuvent du moins leur ravir la certitude d'être mères, ce bien inestimable de la maternité! tandis que leur moindre caprice, un goût, l'étourderie la plus légère, détruit dans l'homme le bonheur, le bonheur de toute sa vie, la sécurité d'être père. — Ah! ce n'est point légèrement qu'on a donné tant d'importance à la fidélité des femmes! Le bien, le mal de la société sont attachés à leur conduite; le paradis ou l'enfer des familles dépend à tout jamais de l'opinion qu'elles ont donnée d'elles.

BÉGEARSS.

Calmez-vous, voici votre fille.

SCÈNE III.

FLORESTINE, ALMAVIVA, BÉGEARSS.

FLORESTINE, *un bouquet au côté.*

On vous disait, Monsieur, si occupé, que je n'ai pas osé vous fatiguer de mon respect.

ALMAVIVA.

Occupé de toi, mon enfant, ma fille! Ah! je me plais à te donner ce nom, car j'ai pris soin de ton enfance. Le mari de ta mère était fort dérangé. En mourant il ne laissa rien.

Elle-même, en quittant la vie, t'a recommandée à mes soins. Je lui engageai ma parole ; je la tiendrai, ma fille, en te donnant un noble époux. Je te parle avec liberté devant cet ami qui nous aime. Regarde autour de toi, choisis : ne trouves-tu personne ici digne de posséder ton cœur ?

FLORESTINE, *lui baisant la main.*

Vous l'avez tout entier, Monsieur ; et si je me vois consultée, je répondrai que mon bonheur est de ne point changer d'état. Monsieur votre fils, en se mariant... (car, sans doute, vous lui ferez prendre aujourd'hui ce parti[1]) Monsieur votre fils, en se mariant, peut se séparer de son père. Ah ! permettez que ce soit moi qui prenne soin de vos vieux jours ! c'est un devoir, Monsieur, que je remplirai avec joie.

BÉGEARSS.

Elle est digne, en honneur, de votre confidence entière... Mademoiselle, embrassez ce bon, ce tendre protecteur. Vous lui devez plus que vous ne pensez. Sa tutelle n'est qu'un devoir ; il fut l'ami... l'ami secret de votre mère... (*Elle le regarde avec surprise.*) Et, pour tout dire en un seul mot, Enfant ! vous lui appartenez.

FLORESTINE *se jette à genoux*[2].

Ah ! je démêle maintenant la cause des élans si vifs qui portaient mon âme vers lui... Monsieur !...

---

1. *Édit. suiv.* : Car ; sans doute, il ne restera plus dans l'ordre de Malte aujourd'hui.
2. *Édit. suiv.* Ce jeu de scène et cette réponse de Florestine ont été supprimés.

ALMAVIVA *la relève.*

Laisse, laisse *Monsieur*, réservé pour l'indifférence; on ne sera point étonné qu'un enfant si reconnaissante me donne un nom plus doux : appelle-moi ton père[1]. Tu feras mon bonheur, et comme fille, et comme épouse d'un excellent sujet auquel je veux t'unir, qui possède déjà une assez grande fortune, que l'avenir doit agrandir encore. Lève les yeux autour de toi : ton époux est dans ma maison...

SCÈNE IV.

FIGARO, Mme ALMAVIVA, ALMAVIVA, FLORESTINE, BÉGEARSS.

FIGARO, *annonçant.*
Madame Almaviva[2]!

BÉGEARSS *jette un regard furieux sur Figaro.*

(*A part.*) Au diable le faquin!

FLORESTINE *se lève, et se jette dans les bras de Mme Almaviva*[3].

Ah! Madame, vous me voyez dans une effusion de joie!..
(*Bégearss la tire avec mystère par la manche de son habit. Figaro l'examine.*)

---

1. Tout ce qui suit, jusqu'à la scène IV, ne se retrouve pas dans les édition suivantes.
2. *Édit. suiv.* : Madame la Comtesse!
3. *Édit. suiv.* Ce jeu de scène et le suivant ont été supprimés.

Mme ALMAVIVA, *à Almaviva.*

Figaro m'avait dit que vous vous trouviez mal; effrayée, j'accours, et je vois...

ALMAVIVA.

Que cet homme officieux vous a fait encore un mensonge.

FIGARO.

Monsieur, quand vous êtes passé, vous aviez un air si défait... Heureusement il n'en est rien.

Mme ALMAVIVA. (*Bégearss l'examine.*)

Bonjour, Monsieur Bégearss... En effet, Florestine, je te trouve radieuse. Mais voyez donc comme elle est fraîche et belle! Si le ciel m'eût donné une fille, je l'aurais voulue comme toi, de figure et de caractère. Il faudra bien que tu m'en tiennes lieu. Le veux-tu, Florestine?

FLORESTINE, *lui baisant la main.*

Ah! Madame!

Mme ALMAVIVA.

Qui t'a donc fleurie si matin?

FLORESTINE, *avec joie.*

Madame, on ne m'a point fleurie. C'est moi qui ai fait des bouquets. N'est-ce pas aujourd'hui saint Léon?

Mme ALMAVIVA.

Charmante enfant, qui n'oublie rien ! (*Elle la baise au front.*)

(*Almaviva fait un geste terrible. Bégearss le retient.*)

Mme ALMAVIVA, *à Figaro.*

Puisque nous voilà rassemblés, avertissez mon fils que nous prendrons ici le chocolat.

FLORESTINE.

Pendant qu'ils vont le préparer, mon parrain, faites-nous donc voir ce beau buste de Washington que vous avez, dit-on, chez vous.

ALMAVIVA.

J'ignore qui me l'envoie ; je ne l'ai demandé à personne, et sans doute il est pour Léon. Il est beau ; je l'ai là, dans mon cabinet : venez tous. (*Ils sortent* [1].)

SCÈNE V.

FIGARO *seul, rangeant la table et les tasses pour le déjeûner.*

Serpent ou basilic ! tu peux me mesurer, me lancer des regards affreux : ce sont les miens qui te tueront ! Mais où

---

1. *Édit. suiv.* Jeu de scène : Bégearss, en sortant le dernier, se retourne deux fois pour examiner Figaro, qui le regarde de même. Ils ont l'air de se menacer sans parler.

reçoit-il ses paquets? il ne vient rien de la poste dans la maison[1]. Est-il monté seul de l'enfer?... Quelque autre diable correspond... Et moi, je ne puis découvrir...

SCÈNE VI.

FIGARO, SUZANNE.

Suzanne *accourt, regarde, et dit très-vivement à l'oreille de Figaro.*

C'est lui que la pupille épouse; — il a la promesse d'Almaviva; — il guérira Léon de son amour; — il détachera Florestine; — il fera consentir Madame; — il te chasse de la maison; — il cloître ma Maîtresse, en attendant le divorce; — fait déshériter le jeune homme, et me rend maîtresse de tout. — Voilà les nouvelles du jour. (*Elle s'enfuit.*)

SCÈNE VII.

FIGARO *seul.*

Non, s'il vous plaît, M. le Major! nous compterons ensemble auparavant. Vous apprendrez de moi qu'il n'y a que les sots qui triomphent. Grace à l'Ariane Suzon, je tiens

---

[1]. *Édit. suiv.*: Il ne vient rien pour lui de la poste à l'hôtel.

le fil du labyrinthe, et le Minotaure est cerné. Je t'envelopperai dans tes pièges, et te démasquerai si bien !... Quel intérêt assez pressant lui fait faire une telle école, et desserre les dents d'un tel homme ? S'en croirait-il assez sûr pour '... La sottise et la vanité sont compagnes inséparables !... Mon politique babille et se confie ! il a perdu le coup : *y a faute.*

SCÈNE VIII.

GUILLAUME, FIGARO.

GUILLAUME, *avec une lettre.*

Meissieir Bégearss, ché vois qu'il est pas pour ici !

FIGARO, *rangeant le déjeûner.*

Tu peux l'attendre ; il va rentrer.

GUILLAUME, *reculant.*

Meingoth, ch'attendrai pas, Meissieir, en gombagnie té vous. Mon maître, il voudrait point, je chure...

FIGARO.

Il te le défend ! hé bien, donne la lettre ; je vais la lui rendre en rentrant.

GUILLAUME, *reculant.*

Pas plis à vous, lé lettres. O tiaple! il voudra pientôt me jasser.

FIGARO, *à part.*

Il faut pomper le sot[1]. — Tu viens de la poste, je crois

GUILLAUME.

Tiaple! non, ché viens pas.

FIGARO.

C'est, sans doute, quelque missive du Gentleman... du parent irlandais dont il vient d'hériter? Tu sais cela, toi, bon Guillaume?

GUILLAUME, *riant niaisement.*

Lettre d'un qui est mort. Meissieir, non, ché vous prie! Celui-là, ché crois pas, partié! ce sera bien plitôt d'un autre. Peut-être il viendrait d'un qu'ils sont là... pas contens dehors.

FIGARO.

D'un de nos mécontens, dis-tu?

---

1. Cette vulgaire expression avait déjà été employée par Beaumarchais dans le *Mariage de Figaro* à deux reprises différentes, puis il l'avait ensuite retranchée, sans doute comme trop triviale (Voyez le t. III de cette édition, p. 330). Mais comme il n'aimait point perdre, même ce qu'il croyait devoir supprimer, pour quelque raison que ce fût, il retrouva et rétablit cette même expression dans son dernier drame.

GUILLAUME.

Oui, mais chasseire pas...

FIGARO, *à part*.

Cela se peut; il est fourré dans tout. (*A Guillaume.*) On pourrait voir au timbre, et s'assurer...

GUILLAUME.

Chasseire pas pourquoi: les lettres, il vient chez M. O'connor. Et puis je sais pas quoi c'est timbré, moi.

FIGARO, *vivement*.

O'connor, banquier irlandais!

GUILLAUME.

Mon foi!...

FIGARO *revient à lui froidement*.

Ici près, derrière l'hôtel?

GUILLAUME.

Ein fort choli maisson, partié! tes chens très... beaucoup gratieux, si chosse dire. (*Il se retire à l'écart.*)

FIGARO, *à lui-même*.

O fortune! ô bonheur!

GUILLAUME, *revenant*.

Parle pas, fous, de sté panquier ; pour personne, entende fous. Chaurais pas dû... Tertaïfle ! (*Il tape du pied.*)

FIGARO.

Vas ! je n'ai garde. Ne crains rien.

GUILLAUME.

Mon maître y dit, Meissieir, vous afre tout l'esprit, et moi pas... alors c'est chiste. Mais peut-être ché suis mécontent d'avoir dit à fous...

FIGARO.

Et pourquoi ?

GUILLAUME.

Ché sais pas. — La valet trahir, voye fous... l'être un péché... qu'il est par pare, vil... et même puéril.

FIGARO.

Il est vrai ; mais tu n'as rien dit.

GUILLAUME.

Mon tié ! mon tié ! che sais pas là... quoi, tire ou non... Ah ! (*Il se retire en soupirant*[1].)

---

1. *Édit. suiv.* : Il regarde niaisement les livres de la bibliothèque et se retire en soupirant.

Figaro, *à part.*

Quelle découverte !. Hasard, je te salue. (*Il cherche ses tablettes.*) Il faut pourtant que je démêle comment un homme si caverneux s'arrange d'un tel imbécille[1] !... De même que les brigands redoutent les réverbères... Oui, mais un sot est un fallot : la lumière passe à travers. (*Il dit, en écrivant sur ses tablettes :*) O'connor, *banquier irlandais.* C'est là qu'il faut que j'établisse mes recherches. Ce moyen-là n'est pas trop légal[2]. *Ma ! perdio ! l'utilité !* et puis, j'ai mes exemples. (*Il écrit.*) Quatre ou cinq écus[3] d'or au valet chargé du détail de la poste, pour ouvrir dans un cabaret chaque lettre de l'écriture d'*Honoré Tartuffe Bégearss*... Monsieur le Tartuffe Honoré, vous cesserez enfin de l'être ! Un dieu m'a mis sur votre piste. (*Il serre ses tablettes.*) Hasard, dieu méconnu, les anciens t'appelaient Destin : nos gens te donnent un autre nom...

SCÈNE IX.

Mme ALMAVIVA, ALMAVIVA, FLORESTINE, BÉGEARSS, FIGARO, GUILLAUME.

Bégearss *aperçoit Guillaume, et dit avec humeur, en lui prenant la lettre :*

Ne peux-tu pas me les garder chez moi ?

---

1. Car il ne fait rien sans objet (manuscrit du Théâtre-Français).
2. *Édit. suiv.* : N'est pas trop constitutionnel.
3. *Édit. suiv.* : louis d'or.

GUILLAUME.

Ché crois celui-ci, c'est tout comme. (*Il sort.*)

Mme ALMAVIVA.

Monsieur, c'est un très-beau morceau [1]. Votre fils l'a-t-il vu?

BÉGEARSS, *la lettre ouverte.*

Ah! lettre de Madrid, du secrétaire du ministre. Il y a un mot qui vous regarde. (*Il lit.*) « Dites à votre protec-« teur Almaviva que le courier qui part demain lui porte « l'agrément de la cour [2] pour l'échange de toutes ses « terres. »

(*Figaro écoute et se fait, sans parler, un signe d'intelligence.*)

Mme ALMAVIVA.

Figaro, dis donc à mon fils que nous déjeûnons tous ici.

FIGARO.

Madame, je vais l'avertir. (*Il sort.*)

1. *Édit. suiv.* : Ce buste est un très-beau morceau.
2. *Édit. suiv.* : du Roi.

SCÈNE X.

Mme ALMAVIVA, ALMAVIVA, FLORESTINE, BÉGEARSS.

ALMAVIVA, *à Bégearss.*

J'en veux donner avis sur le champ à mon acquéreur. Envoyez-moi du thé dans mon arrière-cabinet.

FLORESTINE.

Bon petit papa, c'est moi qui vous le porterai.

ALMAVIVA, *bas à Florestine.*

Pense beaucoup au peu que je t'ai dit[1]. (*Il sort.*)

SCÈNE XI.

LEON, Mme ALMAVIVA, FLORESTINE, BÉGEARSS.

LÉON, *avec chagrin.*

Mon père s'en va quand j'arrive ; il m'a traité avec une rigueur...

1. *Édit. suiv.* : Il la baise au front.

Mme ALMAVIVA, *sévèrement*.

Mon fils, quels discours tenez-vous? Dois-je me voir toujours froissée par l'injustice de chacun? Votre père a besoin d'écrire à la personne qui échange ses terres.

FLORESTINE, *gaîment*[1].

Vous regrettez votre papa; nous aussi nous le regrettons : cependant, comme il sait que c'est aujourd'hui votre fête, il m'a chargé, Monsieur, de vous présenter ce bouquet. (*Elle lui fait une grande révérence.*)

LÉON, *pendant qu'elle l'ajuste à sa boutonnière.*

Il n'en pouvait prier quelqu'un qui me rendît ses bontés aussi chères... (*Il l'embrasse.*)

FLORESTINE, *se débattant*.

Voyez, Madame, si jamais on peut badiner avec lui, sans qu'il abuse au même instant...

Mme ALMAVIVA, *souriant*.

Mon enfant, le jour de sa fête on peut lui passer quelque chose.

FLORESTINE, *baissant les yeux.*

Pour l'en punir, Madame, faites-lui lire le discours qui fut, dit-on, tant applaudi hier au club[2].

---

1. Variante 11.
2. *Édit. suiv.* : à l'assemblée.

LÉON.

Si maman juge que j'ai tort, j'irai chercher ma pénitence.

FLORESTINE.

Ah! Madame, ordonnez le lui.

Mme ALMAVIVA.

Apportez-nous, mon fils, votre discours : moi, je vais prendre quelque ouvrage pour l'écouter avec plus d'attention.

FLORESTINE, *gaîment*.

Obstiné! c'est bien fait; et je l'entendrai malgré vous.

LÉON, *tendrement*.

Malgré moi, quand vous l'ordonnez! Ah! Florestine, j'en défie.

(*Mme Almaviva et Léon sortent chacun de leur côté.*

SCÈNE XII.

FLORESTINE, BÉGEARSS.

BÉGEARSS, *bas*.

Eh bien! Mademoiselle, avez-vous deviné l'époux qu'on vous destine ?

FLORESTINE, *avec joie.*

Mon cher monsieur Bégearss, vous êtes à tel point notre ami, que je me permettrai de penser tout haut avec vous. Sur qui puis-je porter les yeux? L'époux qu'il me destine est, dit-il, dans cette maison[1]. Je vois l'excès de sa bonté : ce ne peut être que Léon; mais moi, sans biens, dois-je abuser...

BÉGEARSS, *d'un ton terrible.*

Qui? Léon! son fils, votre frère !

FLORESTINE, *avec un cri douloureux.*

Ah! Monsieur!

BÉGEARSS.

Réveillez-vous, ma chère enfant; écartez un songe trompeur, qui pouvait devenir funeste[2].

FLORESTINE.

Ah oui ! funeste pour tous deux !

BÉGEARSS.

Vous sentez qu'un pareil secret doit rester caché dans votre ame. (*Il sort en la regardant.*)

1. *Édit. suiv.*: Mon parrain m'a bien dit : Regarde autour de toi, choisis.
2. Variante 12.

SCÈNE XIII.

FLORESTINE, *seule et pleurant.*

A quoi pensais-je donc? O ciel! il est mon frère, et j'ose avoir pour lui... Quel coup d'une lumière affreuse! et dans un tel sommeil, qu'il est cruel de s'éveiller! (*Elle tombe accablée sur un siége.*)

SCÈNE XIV.

LÉON, *un papier à la main,* FLORESTINE.

LÉON, *joyeux*[1].

Maman n'est pas rentrée, et M. Bégearss est sorti. Profitons d'un moment heureux Florestine, vous êtes ce matin, et toujours, d'une beauté parfaite; mais vous avez un air de joie, et un ton aimable de gaîté qui ranime mes espérances.

FLORESTINE, *au désespoir*

Ah! Léon... (*Elle retombe.*

---

[1]. *Édit. suiv.* : à part.

LÉON.

Ciel! vos yeux noyés de larmes et votre visage défait m'annoncent quelque grand malheur.

FLORESTINE.

Des malheurs! Ah! Léon, il n'y en a que pour moi.

LÉON.

Floresta, ne m'aimez-vous plus? Lorsque mes sentimens pour vous...

FLORESTINE, *d'un ton absolu*[1].

Vos sentimens! ne m'en parlez jamais.

LÉON.

Quoi! l'amour le plus pur...

FLORESTINE, *au désespoir*.

Finissez ces cruels discours, ou je vais vous fuir à l'instant.

LÉON.

Grand Dieu! qu'est-il donc arrivé? M. Bégearss vous a parlé, Mademoiselle; je veux savoir ce que vous a dit ce Bégearss.

1. *Édit. suiv.* : se levant avec vivacité.

SCÈNE XV.

Mme ALMAVIVA, FLORESTINE, LÉON.

LÉON.

Maman, venez à mon secours. Vous me voyez au désespoir : Florestine ne m'aime plus.

FLORESTINE, *pleurant.*

Moi, Madame, ne plus l'aimer! Mon parrain, vous et lui : c'est le cri de ma vie entière...

Mme ALMAVIVA.

Mon enfant, je n'en doute pas : ton cœur excellent m'en répond. Mais de quoi donc s'afflige-t-il ?

LÉON.

Maman, vous avez approuvé l'ardent amour que j'ai pour elle.

FLORESTINE, *se jetant dans les bras de Mme Almaviva, en pleurant*

Ordonnez-lui donc de se taire ; il me fait mourir de douleur.

Mme ALMAVIVA

Mon enfant, je ne t'entends point : ma surprise égale la

sienne... Elle frissonne[1]! Qu'a-t-il donc fait qui puisse te déplaire?

FLORESTINE, *se renversant sur elle*[2].

Madame, il ne me déplaît point : je l'aime et le respecte à l'égal de mon frère; mais qu'il n'exige rien de plus.

LÉON.

Vous l'entendez, maman. Cruelle fille, expliquez-vous.

FLORESTINE.

Laissez-moi, laissez-moi, ou vous me causerez la mort.

SCÈNE XVI.

Mme ALMAVIVA, FLORESTINE, LÉON, FIGARO *arrivant avec l'équipage du thé;* SUZANNE, *de l'autre côté, avec un métier de tapisserie.*

Mme ALMAVIVA.

Remporte tout, Suzanne; il n'est pas plus question de déjeûner que de lecture Vous, Figaro, servez du thé à votre maître; il écrit dans son cabinet. Et toi, ma Florestine, viens dans le mien rassurer ton amie. Mes chers en-

---

1. *Édit. suiv.* : entre mes bras.
2. *Édit. suiv.* : se relevant sur elle.

fans, je vous porte en mon cœur : pourquoi l'affligez-vous l'un après l'autre, sans pitié ? Il y a ici des choses qu'il m'est important d'éclaircir. (*Elles sortent.*)

SCÈNE XVII.

SUZANNE, FIGARO, LÉON.

SUZANNE, *à Figaro.*

Je ne sais pas de quoi il est question ; mais je parierais bien que c'est là du Bégearss tout pur. Je veux absolument prémunir ma maîtresse.

FIGARO.

Attends que je sois plus instruit. Nous nous concerterons ce soir. Oh ! j'ai fait une découverte.

SUZANNE.

Et tu me la diras. (*Elle sort.*)

SCÈNE XVIII.

FIGARO, LÉON.

Léon, *désolé*.

Ah dieux !

Figaro.

De quoi s'agit-il donc, Monsieur ?

Léon.

Hélas ! je l'ignore moi-même. Jamais je n'avais vu Floresta de si belle humeur, et je savais qu'elle avait eu un entretien avec mon père. Je la laisse un instant avec M. Bégearss ; je la trouve seule en entrant, les yeux remplis de larmes, et m'ordonnant de la fuir pour toujours. Que peut-il donc lui avoir dit ?

Figaro.

Si je ne craignais pas votre vivacité, je vous instruirais sur des points qu'il vous importe de savoir. Mais, lorsque nous avons besoin d'une grande prudence, il ne faudrait qu'un mot de vous, trop vif, pour me faire perdre le fruit de dix années d'observations.

Léon.

Ah ! s'il ne faut qu'être prudent... Que crois-tu donc qu'il lui ait dit ?

Figaro.

Qu'elle doit accepter Honoré Bégearss pour époux; que c'est une affaire arrangée entre monsieur votre père et lui.

Léon.

Entre mon père et lui! Le traître aura ma vie.

Figaro.

Avec ces façons-là, Monsieur, le traître n'aura pas votre vie; mais il aura votre maîtresse, et votre fortune avec elle.

Léon.

Eh bien! ami, pardon; apprends-moi ce que je dois faire.

Figaro.

Deviner l'énigme du Sphinx, ou bien en être dévoré. En d'autres termes, il faut vous modérer, le laisser dire, et dissimuler avec lui.

Léon, *avec fureur.*

Me modérer!... Oui, je me modérerai; mais j'ai la rage dans le cœur. M'enlever Florestine! Ah! le voici qui vient: je vais m'expliquer... froidement.

Figaro.

Tout est perdu si vous vous échappez.

SCÈNE XIX.

BÉGEARSS, FIGARO, LÉON.

LÉON, *se contenant mal.*

Monsieur, monsieur, un mot. Il importe à votre repos que vous répondiez sans détour. Florestine est au désespoir. Qu'avez-vous dit à Florestine?

BÉGEARSS, *d'un ton glacé.*

Et qui vous dit que je lui ai parlé? Ne peut-elle avoir des chagrins sans que j'y sois pour quelque chose?

LÉON, *vivement.*

Point d'évasions, Monsieur; elle était d'une humeur charmante : en sortant d'avec vous on la voit fondre en larmes. De quelque part qu'elle en reçoive, mon cœur partage ses chagrins. Vous m'en direz la cause, ou bien vous m'en ferez raison.

BÉGEARSS.

Avec un ton moins absolu, on peut tout obtenir de moi. Je ne sais point céder à des menaces.

LÉON, *furieux.*

Eh bien! perfide, défends-toi : j'aurai ta vie, ou tu auras la mienne. (*Il met la main à son épée.*)

FIGARO *les arrête.*

Monsieur Bégearss! au fils de votre ami, dans sa maison, où vous logez...

BÉGEARSS[1].

Je sais trop ce que je me dois. Je vais m'expliquer avec lui; mais je ne veux point de témoins. Sortez, et laissez-nous ensemble.

LÉON.

Va, mon cher Figaro; tu vois qu'il ne peut m'échapper : ne lui laissons aucune excuse.

FIGARO, *à part.*

Moi, je cours avertir son père. (*Il sort.*)

SCÈNE XX.

LÉON, BÉGEARSS.

LÉON, *lui barrant la porte.*

Il vous convient peut-être mieux de vous battre que de parler. Vous êtes le maître du choix; mais je n'admettrai rien d'étranger à ces deux moyens.

---

1. *Édit. suiv.* : se contenant.

BÉGEARSS, *froidement.*

Léon, un homme d'honneur n'égorge pas le fils de son ami. Devais-je m'expliquer devant un malheureux valet, insolent d'être parvenu à presque gouverner son maître ?

LÉON, *s'asseyant.*

Au fait, Monsieur ; je vous attends.

BÉGEARSS

Oh ! que vous allez regretter une fureur déraisonnable !

LÉON.

C'est ce que nous verrons bientôt.

BÉGEARSS, *affectant une dignité froide.*

Léon, vous aimez Florestine ; il y a longtemps que je le vois. Tant que votre frère a vécu, je n'ai point cru devoir servir un amour malheureux, qui ne vous conduisait à rien ; mais depuis qu'un funeste duel, disposant de sa vie, vous a mis en sa place, j'ai eu l'orgueil de croire mon influence capable de disposer monsieur votre père à vous unir à celle que vous aimez. Je l'attaquais de toutes les manières ; une résistance invincible a repoussé tous mes efforts. Désolé de le voir rejeter un projet qui me paraissait fait pour le bonheur de tous... Pardon, mon jeune ami ; je vais vous affliger ; mais il le faut en ce moment, pour vous sauver d'un malheur éternel. Rappelez bien votre raison ; vous allez en avoir besoin ! — J'ai forcé votre père à rompre le silence, à me confier son secret... O mon ami! m'at-il dit enfin, je connais l'amour de mon fils ; mais puis-je lui donner Florestine pour femme? Celle que l'on croit ma pupille... elle est ma fille, elle est sa sœur

LÉON, *reculant vivement.*

Florestine!... ma sœur!...

BÉGEARSS.

Voilà le mot qu'un sévère devoir... Ah! je vous le dois à tous deux; mon silence pouvait vous perdre. Eh bien! Léon, voulez-vous vous battre avec moi?

LÉON, *lui serrant les mains.*

Mon généreux ami, je ne suis qu'un ingrat, un monstre; oubliez ma rage insensée!...

BÉGEARSS, *bien tartuffe.*

Mais c'est à condition que ce fatal secret ne sortira jamais... Dévoiler la honte d'un père, ce serait un crime[1]...

LÉON, *se jetant dans ses bras.*

Ah! jamais.

1. Variante 13.

SCÈNE XXI.

ALMAVIVA, FIGARO, LÉON, BÉGEARSS.

FIGARO, *accourant.*

Les voilà, les voilà.

ALMAVIVA.

Dans les bras l'un de l'autre. Eh! vous perdez l'esprit.

FIGARO, *stupéfait.*

Ma foi! Monsieur..., on le perdrait à moins!

ALMAVIVA, *à Figaro.*

M'expliquerez-vous cette énigme?

LÉON, *tremblant.*

Ah! c'est à moi, mon père, à l'expliquer. Pardon, je dois mourir de honte. Sur un sujet assez frivole, je m'étais... beaucoup oublié. Son caractère généreux, non-seulement me rend à la raison, mais il a la bonté d'excuser ma folie en me la pardonnant. Je lui en rendais graces lorsque vous nous avez surpris.

Almaviva.

Ce n'est pas la centième fois que vous lui devez de la reconnaissance; au fait, nous lui en devons tous.

(*Figaro, sans parler, se donne un coup de poing au front. Bégearss l'examine et sourit.*)

Almaviva, *à son fils.*

Retirez-vous, Monsieur; votre aveu seul enchaîne ma colère.

Bégearss.

Ah! Monsieur, tout est oublié.

Almaviva, *à Léon.*

Allez vous repentir d'avoir manqué à mon ami, au vôtre, à l'homme le plus vertueux...

Léon, *s'en allant.*

Je suis au désespoir.

Figaro, *à part avec colère.*

C'est une légion de diables enfermés dans un seul pourpoint.

SCÈNE XXII.

ALMAVIVA, BÉGEARSS, FIGARO.

ALMAVIVA, *à Bégearss, à part.*

Mon ami, finissons ce que nous avons commencé. (*A Figaro.*) Vous, monsieur l'étourdi, avec vos belles conjectures, donnez-moi les trois millions d'or que vous m'avez vous-même apportés de Cadix, en soixante effets au porteur[1]. Je vous avais chargé de les numéroter.

FIGARO.

Je l'ai fait.

ALMAVIVA.

Remettez-m'en le porte-feuille.

FIGARO.

De quoi ! de ces trois millions d'or ?

ALMAVIVA.

Sans doute. Eh bien, qui vous arrête ?

FIGARO, *humblement.*

Moi, Monsieur ?... je ne les ai plus.

---

1. Variante 14.

BÉGEARSS.

Comment, vous ne les avez plus?

FIGARO, *fièrement*.

Non, Monsieur.

BÉGEARSS, *vivement*.

Qu'en avez-vous fait?

FIGARO.

Lorsque mon maître m'interroge, je lui dois compte de mes actions; mais à vous, je ne vous dois rien.

ALMAVIVA, *en colère*.

Insolent! qu'en avez-vous fait?

FIGARO, *froidement*.

Je les ai portés en dépôt chez M. Fal, votre notaire.

BÉGEARSS.

Mais de l'avis de qui?

FIGARO, *fièrement*.

Du mien; et j'avoue que j'en suis toujours.

BÉGEARSS.

Je vais gager qu'il n'en est rien.

FIGARO.

Comme j'ai sa reconnaissance, vous courez risque de perdre la gageure.

BÉGEARSS.

Ou s'il l'a remis, c'est pour agioter. Ces gens-là partagent ensemble.

FIGARO.

Vous pourriez un peu mieux parler d'un homme qui vous a obligé.

BÉGEARSS [1].
Je ne lui dois rien.

FIGARO.

Je le crois, quand on a hérité de quarante mille doublons de 8.

ALMAVIVA, *se fâchant*.

Avez-vous donc quelque remarque à nous faire aussi là-dessus?

FIGARO.

Qui, moi, Monsieur? j'en doute d'autant moins que j'ai beaucoup connu le parent dont Monsieur hérite : un jeune homme assez libertin, joueur, prodigue et querelleur, sans frein, sans mœurs, sans caractère et n'ayant rien à lui, pas même les vices qui l'ont tué, qu'un combat des plus malheureux...

(*Almaviva frappe du pied.*)

1. Variante 15.

BÉGEARSS, *en colère.*

Enfin, nous direz-vous pourquoi vous avez déposé cet or?

FIGARO.

Ma foi, Monsieur, c'est pour n'en être plus chargé. Ne pouvait-on pas le voler? Que sait-on? Il s'introduit souvent de grands fripons dans les maisons...

BÉGEARSS, *en colère.*

Pourtant, Monsieur veut qu'on le rende [1].

FIGARO.

Monsieur peut l'envoyer chercher.

BÉGEARSS.

Mais ce notaire s'en dessaisira-t-il s'il ne voit son récépissé?

FIGARO.

Je vais le remettre à Monsieur; et quand j'aurai fait mon devoir, s'il en arrive quelque mal, il ne pourra s'en prendre à moi.

ALMAVIVA.

Je l'attends dans mon cabinet...

1. Variante 16.

Figaro.

Je vous préviens que M. Fal ne les rendra que sur votre reçu; je le lui ai recommandé. (*Il sort.*)

SCÈNE XXIII.

ALMAVIVA, BÉGEARSS.

Bégearss, *en colère.*

Comblez cette canaille, et voyez ce qu'elle devient[1]. En vérité, Monsieur, mon amitié me force à vous le dire : vous devenez trop confiant. Il a deviné nos secrets : de valet, barbier, chirurgien, vous l'avez établi trésorier secrétaire, une espèce de factotum; il est notoire que ce Monsieur fait bien ses affaires avec vous.

Almaviva.

Sur la fidélité je n'ai rien à lui reprocher; mais il est vrai qu'il est d'une arrogance...

Bégearss.

Vous avez un moyen de vous en délivrer en le récompensant.

1. Variante 17.

ALMAVIVA.

Je le voudrais souvent.

BÉGEARSS, *confidentiellement*.

En envoyant votre fils voyager[1], sans doute vous voulez qu'un homme affidé le surveille. Celui-ci, trop flatté d'un aussi honorable emploi, ne peut manquer de l'accepter. Vous en voilà défait pour bien du temps.

ALMAVIVA.

Vous avez raison, mon ami; aussi bien m'a-t-on dit qu'il vit très-mal avec sa femme. (*Il sort.*)

SCÈNE XXIV.

BÉGEARSS, *seul*.

Encore un pas de fait!... Ah! noble espion, la fleur des drôles, qui faites ici le bon valet et voulez nous souffler la dot en nous donnant des noms de comédie! Graces aux soins d'Honoré Tartuffe, vous irez partager le malaise des caravannes, et finirez vos inspections sur nous.

1. *Édit. suiv.* : En envoyant le chevalier à Malthe.

FIN DU SECOND ACTE.

ACTE III

Le Théâtre représente le cabinet de Madame Almaviva, orné de fleurs de toutes parts[1].

SCÈNE PREMIÈRE.

Mme ALMAVIVA, SUZANNE.

Mme ALMAVIVA.

Je n'ai rien pu tirer de cette enfant; ce sont des pleurs, des étouffemens... Elle se croit des torts envers moi, m'a demandé cent fois pardon; elle veut aller au couvent. Si je rapproche tout ceci de sa conduite envers mon fils, je présume qu'elle se reproche d'avoir écouté son amour, entretenu ses espérances, ne se croyant pas un parti assez considérable pour lui. Charmante délicatesse! excès d'une aimable vertu! Monsieur Bégearss apparemment lui en a touché quelques mots qui l'auront amenée à s'affliger sur

---

1. *Édit. suiv.*: Parmi d'autres meubles, il doit y avoir une athénienne.

elle, car c'est un homme si scrupuleux et si délicat sur l'honneur, qu'il s'exagère quelquefois et se fait des fantômes où les autres ne voient rien.

Suzanne.

J'ignore d'où provient le mal, mais il se passe ici des choses bien étranges : quelque démon y souffle un feu secret. Notre maître est sombre à périr; il nous éloigne tous de lui. Vous êtes sans cesse à pleurer, mademoiselle est suffoquée, monsieur votre fils désolé.... monsieur Bégearss lui seul imperturbable comme un dieu, semble n'être affecté de rien, voit tous vos chagrins d'un œil sec...

Mme Almaviva.

Mon enfant, son cœur les partage. Hélas ! sans ce consolateur qui verse un baume sur nos plaies, dont la sagesse nous soutient, adoucit toutes les aigreurs, calme mon irascible époux, nous serions bien plus malheureux.

Suzanne.

Je souhaite, madame, que vous ne vous abusiez pas.

Mme Almaviva.

Je t'ai vue autrefois lui rendre plus de justice. (*Suzanne baisse les yeux.*) Au reste, il peut seul me tirer du trouble où cette enfant m'a mise; fais-le prier de descendre chez moi.

Suzanne.

Le voici qui vient à propos ; vous vous ferez coëffer plus tard. (*Elle sort.*)

SCÈNE II.

Mme ALMAVIVA, BÉGEARSS.

Mme Almaviva, *douloureusement.*

Ah ! mon pauvre major ! que se passe-t-il donc ici ? Touchons-nous enfin à la crise que j'ai si longtemps redoutée[1], que j'ai vue de loin se former ? L'éloignement de mon époux pour mon malheureux fils semble augmenter de jour en jour. Quelque lumière fatale aura pénétré jusqu'à lui.

Bégearss.

Madame, je ne le crois pas.

Mme Almaviva.

Depuis que le ciel m'a punie par la mort de mon fils aîné, je vois mon époux[2] absolument changé : au lieu de

---

1. *Édit. suiv.* La phrase finit ici.
2. *Édit. suiv.* : le Comte.

travailler avec l'ambassadeur à Rome pour rompre les vœux de Léon, je le vois s'obstiner à l'envoyer à Malthe. Je sais de plus, monsieur Bégearss, qu'il dénature sa fortune, et veut abandonner l'Espagne pour s'établir dans ce pays. L'autre jour, à dîner, devant trente personnes, il raisonna sur le divorce d'une façon à me faire frémir.

BÉGEARSS.

J'y étais, je m'en souviens trop.

Mme ALMAVIVA, *en larmes.*

Pardon, mon digne ami, je ne puis pleurer qu'avec vous.

BÉGEARSS.

Déposez vos douleurs dans le sein d'un homme sensible.

Mme ALMAVIVA.

Enfin, est-ce lui, est-ce vous qui avez déchiré le cœur de Florestine? Je la destinais à mon fils. Née sans bien, il est vrai, mais belle et vertueuse, élevée au milieu de nous, mon fils, devenu héritier, n'en a-t-il pas assez pour deux?

BÉGEARSS.

Que trop, peut-être, et c'est d'où vient le mal!

Mme ALMAVIVA.

Mais comme si le ciel n'eût attendu aussi longtemps que pour me mieux punir d'une imprudence tant pleurée, tout semble s'unir à la fois pour renverser mes espérances. Mon époux déteste mon fils; Florestine renonce à lui: aigrie par je ne sais quel motif, elle veut le fuir pour toujours. Il en mourra, le malheureux : voilà ce qui est bien certain. (*Elle joint les mains.*) Ciel vengeur! après vingt années de larmes et de repentir, me réservez-vous à l'horreur de voir ma faute découverte? Ah! que je sois seule misérable! mon Dieu, je ne m'en plaindrai pas, mais que mon fils ne porte point la peine d'un crime qu'il n'a pas commis! Connaissez-vous, monsieur Bégearss, quelque remède à tant de maux[1]?

BÉGEARSS.

Oui, femme respectable, et je venais exprès dissiper vos terreurs. Quand on craint une chose, tous nos regards se portent vers cet objet trop alarmant; quoi qu'on dise ou qu'on fasse, la frayeur empoisonne tout. Enfin, je tiens la clef de ces énigmes. Vous pouvez être encore heureuse.

Mme ALMAVIVA.

L'est-on avec une ame déchirée de remords?

BÉGEARSS.

Votre époux ne fuit point Léon; il ne soupçonne rien sur le secret de sa naissance.

Mme ALMAVIVA, *vivement.*

Monsieur Bégearss!

1. Variante 18.

BÉGEARSS.

Et tous ces mouvements que vous prenez pour de la haine ne sont que l'effet d'un scrupule. O que je vais vous soulager !

Mme ALMAVIVA, *ardemment.*

Mon cher monsieur Bégearss !

BÉGEARSS.

Mais enterrez dans ce cœur allégé le grand mot que je vais vous dire. Votre secret à vous, c'est la naissance de Léon ; le sien est celle de Florestine. (*Plus bas.*) Il est son tuteur... et son père.

Mme ALMAVIVA[1] *s'écrie.*

Dieu tout-puissant qui me prends en pitié !

BÉGEARSS.

Jugez de sa frayeur en voyant ces enfans amoureux l'un de l'autre ! Ne pouvant dire son secret, ni supporter qu'un tel attachement devînt le fruit de son silence, il est resté sombre, bizarre ; et s'il veut éloigner son fils, c'est pour éteindre, s'il le peut, par cette absence et par ses vœux, un malheureux amour qu'il croit ne pouvoir tolérer.

Mme ALMAVIVA, *à genoux, priant avec ardeur.*

Source éternelle de bienfaits ! ô mon Dieu ! tu permets

---

1 *Édit. suiv.* : joignant les mains.

qu'en partie je répare la faute involontaire qu'un insensé me fit commettre; que j'aie de mon côté quelque chose à remettre à cet époux que j'offensai! O Almaviva! mon cœur flétri, fermé par vingt années de peines, va se rouvrir enfin pour toi! Florestine est ta fille, elle me devient chère comme si mon sein l'eût portée. Faisons, sans nous parler, l'échange de notre indulgence! O monsieur Bégearss, achevez!

BÉGEARSS *la relève.*

Mon amie, je n'arrête point ces premiers élans d'un bon cœur : les émotions de la joie ne sont point dangereuses comme celles de la tristesse; mais, au nom de votre repos, écoutez-moi jusqu'à la fin.

Mme ALMAVIVA.

Parlez, mon généreux ami, vous à qui je dois tout, parlez.

BÉGEARSS.

Votre époux, cherchant un moyen de garantir sa Florestine de cet amour qu'il croit incestueux, m'a proposé de l'épouser; mais, indépendamment du sentiment profond et malheureux que mon respect pour vos douleurs ..

Mme ALMAVIVA, *douloureusement.*

Ah! mon ami, par compassion pour moi!...

BÉGEARSS.

N'en parlons plus[1]. Quelques mots d'établissement, tour-

1. Variante 19.

nés d'une forme équivoque, ont fait penser à Florestine qu'il était question de Léon. Son jeune cœur s'épanouissait quand un valet vous annonça. Sans m'expliquer depuis sur les vues de son père, un mot de moi la ramenant aux sévères idées de la fraternité a produit cet orage, et la religieuse horreur dont votre fils ni vous ne pénétriez le motif.

Mme ALMAVIVA.

Il en était bien loin, le pauvre enfant!

BÉGEARSS[1], *souriant*.

Maintenant qu'il vous est connu, devons-nous suivre ce projet d'une union qui répare tout?...

Mme ALMAVIVA, *vivement*.

Il faut s'y tenir, mon ami; mon cœur et mon esprit sont d'accord sur ce point, et c'est à moi de la déterminer. Par là, nos secrets sont couverts, nul étranger ne les pénétrera. Après vingt années de souffrances, nous passerons des ours heureux, et c'est à vous, mon digne ami, que ma famille les devra.

BÉGEARSS, *élevant le ton*.

Pour que rien ne les trouble plus, il faut encore un sacrifice, et mon amie est digne de le faire.

Mme ALMAVIVA.

Hélas! je veux les faire tous.

1. Variante 20.

BÉGEARSS, *l'air imposant.*

Ces lettres, ces papiers d'un infortuné qui n'est plus, il faudra les réduire en cendres.

Mme ALMAVIVA, *avec douleur.*

Ah Dieu!

BÉGEARSS.

Quand cet ami mourant me chargea de vous les faire remettre, son dernier ordre fut qu'il fallait sauver votre honneur en ne laissant aucune trace de ce qui pouvait l'altérer.

Mme ALMAVIVA.

Dieu! Dieu!

BÉGEARSS.

Vingt ans se sont passés sans que j'aie pu obtenir que ce triste aliment de votre éternelle[1] douleur s'éloignât de vos yeux; mais, indépendamment du mal que tout cela vous fait, voyez quel danger vous courez.

Mme ALMAVIVA.

Eh! que peut-on avoir à craindre?

BÉGEARSS, *regardant si on ne peut l'entendre*[2].

Je ne soupçonne point Suzanne, mais une femme de chambre, instruite que vous conservez ces papiers, ne pour-

---

1. *Édit. suiv.* : cruelle.
2. *Édit. suiv.* : parlant bas.

rait-elle pas un jour s'en faire un moyen de fortune? Un seul remis à votre époux, que peut-être il paierait bien cher, vous plongerait dans des malheurs...

Mme ALMAVIVA

Non, Suzanne a le cœur trop bon...

BÉGEARSS, *d'un ton[1] plus ferme.*

Ma respectable amie, vous avez payé votre dette à la tendresse, à la douleur, à vos devoirs de tous les genres; et si vous êtes satisfaite de la conduite d'un ami, j'en veux avoir la récompense : il faut brûler tous ces papiers, éteindre tous ces souvenirs d'une faute autant expiée. Mais, pour ne jamais revenir sur un sujet si douloureux, j'exige que le sacrifice en soit fait dans ce même instant.

Mme ALMAVIVA, *tremblante.*

Je crois entendre Dieu qui parle : il m'ordonne de l'oublier, de déchirer le crêpe obscur dont sa mort a couvert ma vie. Oui, mon Dieu, je vais obéir à cet ami que vous m'avez donné. (*Elle sonne.*) Ce qu'il exige en votre nom, mon repentir le conseillait, mais ma faiblesse a combattu.

---

1. *Édit. suiv.* : plus élevé et très-ferme.

SCENE III.

SUZANNE, Mme ALMAVIVA, BÉGEARSS.

Mme ALMAVIVA.

Suzanne, apporte-moi le coffret de mes diamants. Non[1], je vais le prendre moi-même : il te faudrait chercher la clef... (*Elle sort.*)

SCÈNE IV.

SUZANNE, BÉGEARSS.

SUZANNE, *un peu troublée.*

Monsieur Bégearss, de quoi s'agit-il donc? Toutes les têtes sont renversées; cette maison ressemble à l'hôpital des foux[2]. Madame pleure, mademoiselle étouffe, Léon parle de se noyer, Monsieur est enfermé et ne veut voir personne. Pourquoi ce coffre aux diamants inspire-t-il en ce moment tant d'intérêt à tout le monde?

BÉGEARSS, *mettant son doigt sur sa joue en signe de mystère.*

Chuuut!... ne montre ici nulle curiosité, tu le sauras dans

---

1. Variante 21.
2. *Édit. suiv.*: La phrase qui suit est supprimée.

peu. Tout va bien, tout est bien; cette journée vaut[1]...
chut!...

SCÈNE V.

Mme ALMAVIVA, BÉGEARSS, SUZANNE.

Mme ALMAVIVA, *tenant le coffret aux diamants.*

Suzanne, apporte-nous du feu dans le brazero du boudoir.

SUZANNE

Si c'est pour brûler des papiers, la lampe de nuit allumée est encore là dans l'athénienne. (*Elle l'avance.*)

Mme ALMAVIVA.

Veille à la porte et que personne n'entre.

SUZANNE, *en sortant, à part*

Courons auparavant avertir Figaro.

1. Variante 22.

SCÈNE VI.

Mme ALMAVIVA, BÉGEARSS.

BÉGEARSS.

Combien j'ai souhaité pour vous le moment auquel nous touchons !

Mme ALMAVIVA, *étouffée*.

O mon ami! quel jour nous choisissons pour consommer ce sacrifice, celui de la naissance de mon malheureux fils. A cette époque, tous les ans, leur consacrant cette journée, je demandais pardon au ciel et je m'abreuvais de mes larmes en relisant ces tristes lettres. Je me rendais au moins le témoignage qu'il y eut entre nous plus d'erreur que de crime. Ah! faut-il donc brûler tout ce qui me reste de lui!

BÉGEARSS.

Quoi, madame, détruirez-vous ce fils qui vous le représente? Ne lui devez-vous pas un sacrifice qui le préserve de mille affreux dangers? Vous vous le devez à vous-même, et la sécurité de votre vie entière est attachée peut-être à cet acte imposant. (*Il ouvre le secret de l'écrain et en tire les lettres.*)

Mme ALMAVIVA, *surprise*.

Monsieur Bégearss, vous l'ouvrez mieux que moi. Que je les lise encore!

Bégearss, *sévèrement.*

Non, je ne le permettrai pas.

Mme Almaviva.

Seulement la dernière, où, traçant ses tristes adieux du sang qu'il répandit pour moi, il m'a donné la leçon du courage dont j'ai tant besoin aujourd'hui.

Bégearss, *s'y opposant.*

Si vous lisez un mot, nous ne brûlerons rien. Offrez au ciel un sacrifice entier, courageux, volontaire, exempt des faiblesses humaines, ou, si vous n'osez l'accomplir, c'est à moi d'être fort pour vous. Les voilà toutes dans le feu. (*Il y jette le paquet.*)

Mme Almaviva, *vivement.*

Monsieur Bégearss! cruel ami! c'est ma vie que vous consumez. Qu'il m'en reste au moins un lambeau! (*Elle veut se précipiter sur les lettres enflammées, Bégearss la retient à brasse-corps.*)

Bégearss.

J'en jetterai la cendre au vent.

SCÈNE VII.

SUZANNE, ALMAVIVA, FIGARO, Mme ALMAVIVA, BÉGEARSS.

Suzanne *accourt.*

C'est monsieur ; il me suit, mais amené par Figaro.

Almaviva, *les surprenant.*

Qu'est-ce donc que je vois, madame ? D'où vient tout ce désordre ? quel est ce feu, ce coffre, ces papiers ? pourquoi ce débat et ces pleurs ?

(*Bégearss et Mme Almaviva restent confondus.*)

Almaviva.

Vous ne répondez point ?

Bégearss *se remet, et dit d'un ton pénible :*

J'espère, monsieur, que vous n'exigez pas qu'on s'explique devant vos gens. J'ignore quel dessein vous a fait surprendre ainsi madame ; quant à moi, je suis résolu de soutenir mon caractère, en rendant un hommage pur à la vérité, quelle qu'elle soit.

Almaviva, *à Figaro et Suzanne.*

Sortez tous deux.

Figaro.

Mais, Monsieur, rendez-moi du moins la justice de déclarer que je vous ai remis le récépissé du notaire, sur le grand objet de tantôt!

Almaviva.

Je le fais volontiers, puisque c'est réparer un tort. (*A Bégearss.*) Soyez certain, monsieur, que voilà le récépissé. (*Il le met dans sa poche. Figaro et Suzanne sortent chacun de leur côté.*)

Figaro, *bas à Suzanne, en s'en allant.*

S'il échappe à l'explication!...

Suzanne, *bas.*

Il est bien subtil!

Figaro, *bas.*

Je l'ai tué.

SCÈNE VIII.

Mme ALMAVIVA, ALMAVIVA, BÉGEARSS.

Almaviva, *d'un ton ferme.*

Madame, nous sommes seuls.

BÉGEARSS, *encore ému.*

C'est moi qui parlerai ; je subirai cet interrogatoire. M'avez-vous vu, Monsieur, trahir la vérité dans quelque occasion que ce fût ?

ALMAVIVA, *sèchement.*

Monsieur... je ne dis pas cela.

BÉGEARSS, *tout à fait remis.*

Quoique je sois loin d'approuver cette inquisition peu décente, l'honneur m'oblige à répéter ce que je disais à Madame, en répondant à sa consultation. Tout dépositaire de secrets ne doit jamais conserver de papiers, s'ils peuvent compromettre un ami qui n'est plus, et qui les mit sous notre garde. Quelque chagrin qu'on ait à s'en défaire, et quelqu'intérêt même qu'on eût à les garder, le saint respect des morts doit avoir le pas devant tout. (*Il montre Almaviva.*) Un accident inopiné ne peut-il pas en rendre un adversaire possesseur ?

(*Almaviva le tire par la manche pour qu'il ne pousse pas l'explication plus loin.*)

BÉGEARSS, *fièrement.*

Auriez-vous dit, Monsieur, autre chose en ma position ? Qui cherche des conseils timides, ou le soutien d'une faiblesse honteuse, ne doit point s'adresser à moi ! vous en avez des preuves l'un et l'autre, et vous sur-tout, Monsieur. (*Almaviva lui fait un signe.*) Voilà, sur la demande que m'a faite Madame, et sans chercher à pénétrer ce que contenaient ces papiers, ce qui m'a fait lui donner un conseil, pour la sévère exécution duquel je l'ai vue manquer de courage. Je n'ai pas hésité d'y substituer le mien, en combattant ses délais imprudens. Voilà quels étaient nos débats. Mais quelque chose qu'on en pense, je ne regretterai point ce, que j'ai dit, ce que j'ai fait. (*Il lève les bras.*) Sainte amitié, tu n'es rien qu'un vain titre, si l'on ne remplit pas tes austères devoirs ! — Permettez que je me retire.

ALMAVIVA, *exalté.*

O le meilleur des hommes ! Non, vous ne nous quitterez pas. Madame, il va nous appartenir de plus près ; je lui donne ma Florestine.

Mme ALMAVIVA, *avec vivacité*

Monsieur, vous ne pouvez pas faire un plus digne emploi du pouvoir que la loi vous donne sur elle. Ce choix a mon assentiment, si vous le jugez nécessaire, et le plus tôt vaudra le mieux.

ALMAVIVA, *hésitant.*

Eh bien !... ce soir... sans bruit[1]...

Mme ALMAVIVA, *avec ardeur.*

Moi, qui lui sers de mère, je vais la préparer à l'auguste cérémonie. Mais laisserez-vous votre ami seul généreux envers ce digne enfant ? J'ai du plaisir à penser le contraire.

ALMAVIVA, *embarrassé.*

Ah ! Madame... croyez...

1. *Édit. suiv.* : votre aumônier...

Mme ALMAVIVA, *avec joie.*

Oui, Monsieur, je le crois. C'est aujourd'hui la fête de mon fils. Ces deux événemens réunis me rendent cette journée bien chère[1] !

SCÈNE IX.

ALMAVIVA, BÉGEARSS.

ALMAVIVA[2].

Je ne reviens pas de mon étonnement ! Je m'attendais à des débats, à des objections sans nombre, et je la trouve juste, bonne, généreuse envers mon enfant. Moi qui lui sers de mère, dit-elle... Non, ce n'est point une méchante femme ! Elle a dans ses actions une dignité qui m'impose, un ton qui brise les reproches, quand on voudrait l'en accabler. Mais, mon ami, je m'en dois à moi-même pour la surprise que j'ai montrée en voyant brûler ces papiers.

BÉGEARSS.

Quant à moi, je n'en ai point eu, voyant avec qui vous veniez. Ce reptile vous a sifflé que j'étais là pour trahir vos secrets ? De si basses imputations n'atteignent pas un

---

1. Variante 23.
2. *Édit. suiv. :* la regardant aller.

homme de ma hauteur, je les vois ramper loin de moi. Mais, après tout, Monsieur, que vous importaient ces papiers? N'aviez-vous pas pris malgré moi tous ceux que vous vouliez garder? Ah? plût au ciel qu'elle m'eût consulté plus tôt, vous n'auriez pas contre elle des preuves sans réplique !

ALMAVIVA, *avec douleur.*

Oui, sans réplique. (*Avec ardeur.*) Otons-les de mon sein, elles me brûlent la poitrine. (*Il tire la lettre de son sein et la met dans sa poche.*)

BÉGEARSS *continue avec douceur.*

Je combattrais avec plus d'avantage en faveur du fils de la loi; car, enfin, il n'est pas comptable du triste sort qui l'a mis dans vos bras.

ALMAVIVA *reprend sa fureur.*

Lui, dans mes bras? Jamais.

BÉGEARSS.

Il n'est point coupable non plus dans son amour pour Florestine; et cependant, tant qu'il reste près d'elle, puis-je m'unir à cette enfant, qui, peut-être éprise elle-même, ne cédera qu'à son respect pour vous? La délicatesse blessée...

ALMAVIVA.

Mon ami, je t'entends ! et ta réflexion me décide à le faire partir sur le champ. Oui, je serai moins malheureux quand ce fatal objet ne blessera plus mes regards. Mais comment entamer ce sujet avec elle? Voudra-t-elle s'en séparer? Il faudra donc faire un éclat.

BÉGEARSS.

Un éclat!... non... bientôt le divorce accrédité [1]...

ALMAVIVA.

Moi, publier ma honte! Quelques lâches l'ont fait; c'est le dernier degré de l'avilissement du siècle. Que l'opprobre soit le partage de qui donne un pareil scandale, et des fripons qui le provoquent!

BÉGEARSS.

J'ai fait envers elle, envers vous, ce que l'honneur me prescrivait. Je ne suis point pour les moyens violens, surtout quand il s'agit d'un fils...

ALMAVIVA.

Dites d'un étranger, dont je vais hâter le départ.

BÉGEARSS.

N'oubliez pas cet insolent valet.

ALMAVIVA.

J'en suis trop las pour le garder. Toi, cours, ami, chez

---

1. Variante 24.

mon notaire; retire, avec mon reçu que voici, mes trois millions d'or déposés : alors tu peux à juste titre être généreux au contrat, qu'il nous faut brusquer aujourd'hui..., car te voilà bien possesseur... (*Il lui remet le reçu, le prend sous le bras et ils sortent*) et ce soir, à minuit, sans bruit, dans la chapelle de Madame... (*On n'entend pas le reste.*)

FIN DU TROISIÈME ACTE.

ACTE IV

Le Théâtre représente le même cabinet de Madame Almaviva.

SCÈNE PREMIÈRE.

FIGARO, *seul, agité, regardant de côté et d'autre.*

Elle me dit : « Viens à six heures au cabinet; c'est le plus sûr pour nous parler... » Je brusque tout dehors, et je rentre en sueur. Où est-elle ? (*Il se promène en s'essuyant.*) Ah ! parbleu, je ne suis point fou. Je les ai vus sortir d'ici; Monsieur le tenait sous le bras... Eh bien ! pour un échec, abandonnerons-nous la partie[1] ? (*D'un ton sévère.*) Mais quel détestable endormeur ! (*Vivement.*) Parvenir à brûler les lettres de Madame, pour qu'elle ne voie pas qu'il en manque ! et se tirer d'un éclaircissement !... C'est l'enfer concentré, tel que Milton nous l'a dépeint ! (*D'un ton badin.*) J'avais raison tantôt dans ma colère. Honoré Bégearss est le diable que les Hébreux nommaient *Légion*; et si l'on y

---

[1] *Édit. suiv.* : un orateur fuit-il lâchement la tribune pour un argument tué sous lui ?

regardait bien, on verrait le lutin avoir le pied fourchu, seule partie, disait ma mère, que les démons ne peuvent déguiser. (*Il rit.*) Ah! ah! ah! ma gaieté me revient : d'abord, parce que j'ai mis l'or du Mexique en sûreté chez Fal, — ce qui nous donnera du temps. (*Il frappe un billet sur sa main.*) Et puis..., *docteur en toute hypocrisie*[1]*!* infernal Tartuffe! grâce au Hasard qui régit tout, à ma tactique, à quelques louis semés, voici qui me promet une lettre de ta main où, dit-on, tu poses le masque à ne rien laisser désirer. (*Il ouvre le billet, et dit :*) Le coquin qui l'a lue en veut cinquante louis... Eh bien! il les aura, si la lettre les vaut. Une année de mes gages sera bien employée, si je parviens à détromper un maître à qui nous devons tant. Mais où es-tu, Suzanne, pour en rire?... *O che piacere!* (*Prononcez* qué piatchère.) A demain donc, car je ne vois pas que rien périclite ce soir... Eh! pourquoi perdre un temps? je m'en suis toujours repenti... (*Très vivement.*) Point de délais : courons attacher le pétard, dormons dessus. La nuit porte conseil, et demain matin nous verrons qui des deux fera sauter l'autre.

SCENE II.

BÉGEARSS, FIGARO.

BÉGEARSS, *raillant*.

Eeeh! c'est mons Figaro! la place est agréable, puisqu'on y retrouve monsieur.

---

1. *Édit. suiv.* : vrai major d'infernal Tartuffe!

FIGARO, *du même ton.*

Ne fût-ce que pour avoir la joie de l'en chasser une autre fois.

BÉGEARSS.

De la rancune pour si peu ! Vous êtes bien bon d'y songer : chacun n'a-t-il pas sa manie ?

FIGARO.

Et celle de monsieur est de ne plaider qu'à huis clos ?

BÉGEARSS, *lui frappant sur l'épaule.*

Il n'est pas essentiel qu'un sage entende tout quand il sait si bien deviner.

FIGARO.

Chacun se sert des petits talens que le ciel lui a départis.

BÉGEARSS.

Et l'intrigant compte-t-il gagner beaucoup avec ceux qu'il nous montre ici ?

FIGARO.

Ne mettant rien à la partie, j'ai tout gagné... si je fais perdre *l'autre*[1].

1. *Édit. suiv.* Ce qui suit est supprimé jusqu'à *Bégearss, piqué.*

BÉGEARSS, *fièrement.*

L'autre quoi, s'il vous plaît?

FIGARO, *riant.*

L'autre... eh parbleu! monsieur l'a dénommé lui-même.

BÉGEARSS, *piqué.*

On verra le jeu de monsieur.

FIGARO.

Ce n'est pas de ces coups brillans qui éblouissent la galerie. (*Il prend un air niais.*) Mais *chacun pour soi, Dieu pour tous,* comme a dit[1] Salomon.

BÉGEARSS, *souriant.*

Belle sentence! N'a-t-il pas dit aussi : *Le soleil luit pour tout le monde?*

FIGARO, *fièrement.*

Oui, en dardant sur le serpent prêt à mordre la main de son imprudent bienfaiteur[2].

---

1. *Édit. suiv. :* le Roi.
2. *Édit. suiv. :* Il sort.

SCÈNE III.

BÉGEARSS, *seul, le regardant aller.*

Il ne farde plus ses desseins. — Notre homme est fier; bon signe : il ne sait rien des miens. Il aurait la mine bien longue, s'il était instruit qu'à minuit... (*Il cherche dans ses poches vivement.*) Eh bien! qu'ai-je fait du papier? Le voici. (*Il lit.*) *Reçu de M. Fal, notaire, les trois millions d'or spécifiés dans le bordereau ci-dessus. A Paris, le...* ALMAVIVA. C'est bon : je tiens la pupille et l'argent. Mais ce n'est point assez; cet homme est faible, il ne finira rien pour le reste de sa fortune. Sa femme lui en impose : il la craint, l'aime encore... Elle n'ira pas au couvent si je ne les mets aux prises, et ne les force à s'expliquer brutalement[1]. — Diable! ne risquons rien ce soir; un dénouement aussi scabreux! en précipitant trop les choses, on se précipite avec elles. Il sera temps demain, quand j'aurai bien serré le doux lien sacramentel qui va les enchaîner à moi[2]. (*Il appuie ses deux mains sur sa poitrine.*) Eh bien! maudite joie qui me gonfles le cœur, ne peux-tu donc te contenir?... Elle m'étouffera, la fougueuse, ou me livrera comme un sot, si je ne la laisse un peu s'évaporer pendant que je suis seul ici. Sainte et douce crédulité! l'époux te doit la magnifique dot. Pâle déesse de la nuit, il te devra bientôt sa froide épouse. Fortune! hymen! qui chantera l'épithalame? Qui? le seul poëte en état de le composer dignement[3]?... (*Il se frotte les mains.*) Bégearss, heureux Bégearss! Pourquoi

---

1. *Édit. suiv.* : Il se promène.
2. *Édit. suiv.* : Hymen! Fortune!..
3. *Édit. suiv.* Cette apostrophe supprimée.

l'appelez-vous Bégearss! N'est-il donc pas plus d'à moitié le seigneur¹ Almaviva? (*D'un ton terrible.*) Encore un pas, Bégearss, et tu l'es tout-à-fait. Oui, mais il faut auparavant... Ce Figaro pèse sur ma poitrine, — car c'est lui qui l'a fait venir... Le moindre trouble me perdrait... ce valet-là me porterait malheur... c'est le plus clair-voyant coquin! Allons, allons, qu'il parte avec son pupille² errant.

SCÈNE IV.

BÉGEARSS, SUZANNE.

SUZANNE, *accourant, fait un cri d'étonnement*³.

Ah! (*A part.*) ce n'est pas lui.

BÉGEARSS.

Quelle surprise! Eh! qu'attendais-tu donc?

SUZANNE, *se remettant.*

Personne. On se croit seule ici...

BÉGEARSS.

Puisque je t'y rencontre, un mot avant le comité.

---

1. *Édit. suiv.* : le Comte.
2. *Édit. suiv.* : son chevalier.
3. *Édit. suiv.* : de voir un autre que Figaro.

SUZANNE.

Que parlez-vous de comité? Réellement, depuis deux ans on n'entend plus du tout le langage de ce pays[1].

BÉGEARSS, *riant sardoniquement.*

Hé! hé!... (*Il pétrit dans sa boîte une prise de tabac d'un air content de lui.*) Ce comité, ma chère, est une conférence entre ta maîtresse, son fils, notre jeune pupille et moi, sur le grand objet que tu sais.

SUZANNE.

Après la scène que j'ai vue, osez-vous encore l'espérer?

BÉGEARSS, *bien fat.*

Oser l'espérer!... non; mais seulement je l'épouse ce soir.

SUZANNE, *vivement.*

Malgré son amour pour Léon?

BÉGEARSS.

Bonne femme! qui me disais : *Si vous faites cela, monsieur...*

SUZANNE.

Eh! qui eût pu l'imaginer?

1. *Édit. suiv.* Cette phrase est supprimée.

BÉGEARSS, *prenant son tabac en plusieurs fois.*

Enfin, que dit-on? Parle-t-on? Toi qui vis dans l'intérieur, qui as l'honneur des confidences, y pense-t-on du bien de moi? car c'est-là le point important.

SUZANNE.

L'important serait de savoir quel talisman vous employez pour dominer tous les esprits. Monsieur ne parle de vous qu'avec enthousiasme; ma maîtresse vous porte aux nues; son fils n'a d'espoir qu'en vous seul; notre pupille vous révère...

BÉGEARSS, *d'un ton bien fat, secouant le tabac de son jabot.*

Et toi, Suzanne, qu'en dis-tu?

SUZANNE.

Ma foi, monsieur, je vous admire! Au milieu du désordre affreux que vous entretenez ici, vous seul êtes calme et tranquille. Il me semble entendre un génie qui fait tout mouvoir à son gré.

BÉGEARSS, *bien fat.*

Mon enfant, rien n'est plus aisé. D'abord, il n'est que deux pivots sur qui roule tout dans le monde, la morale et la politique. La morale, tant soit peu mesquine, consiste à être juste et vrai: elle est, dit-on, la clef de quelques vertus routinières.

SUZANNE.

Quant à la politique ?

BÉGEARSS, *avec chaleur, à lui-même.*

Ah! c'est l'art de créer des faits, de dominer, en se jouant, les évènemens et les hommes. L'intérêt est son but, l'intrigue son moyen; toujours sobre de vérités, ses vastes et riches conceptions sont un prisme qui éblouit. Aussi profonde que l'Ethna, elle brûle et gronde longtemps avant d'éclater au dehors : mais alors rien ne lui résiste[1]. Elle exige de hauts talens. Le scrupule seul peut lui nuire[2] : c'est le secret des négociateurs.

SUZANNE.

Si la morale ne vous échauffe pas, l'autre, en revanche, excite en vous un assez vif enthousiasme.

BÉGEARSS, *averti, revient à lui.*

Eh!...ce n'est pas elle : c'est toi; ta comparaison d'un génie[3]... Léon[4] vient, laisse-nous[5]...

1. Variante 25.
2. *Édit. suiv.* : en riant.
3. Variante 26.
4. *Édit. suiv.* : le Chevalier.
5. *Édit. suiv.* : Suzanne sort.

SCÈNE V.

LÉON, BÉGEARSS.

LÉON.

Monsieur Bégearss, je suis au désespoir !

BÉGEARSS, *d'un ton protecteur.*

Qu'est-il arrivé, jeune ami ?

LÉON.

Mon père vient de me signifier, avec une dureté !... que j'eusse à faire, sous deux jours, tous les apprêts de mon départ[1]. Point d'autre train, dit-il, que Figaro qui m'accompagne, et un valet qui courra devant nous.

BÉGEARSS.

Cette conduite est en effet bizarre pour qui ne sait pas son secret; mais nous qui l'avons pénétré, notre devoir est de le plaindre. Ce voyage est le fruit d'une frayeur bien excusable. Malthe et vos vœux ne sont que le prétexte : un amour qu'il redoute est son véritable motif.

LÉON, *avec douleur.*

Mais, mon ami, puisque vous l'épousez !

---

1. *Édit. suiv.:* pour Malthe.

BÉGEARSS, *confidentiellement.*

Si son frère le croit utile à suspendre un fâcheux départ, je ne verrais qu'un seul moyen...

LÉON.

O mon ami, dites-le-moi!

BÉGEARSS.

Ce serait que madame votre mère vainquît cette timidité qui l'empêche, avec lui, d'avoir une opinion à elle : car sa douceur vous nuit bien plus que ne ferait un caractère trop ferme. Supposons qu'on lui ait donné quelque prévention injuste : qui a le droit, comme une mère, de rappeler un père à la raison? Engagez-la de le tenter..., non pas aujourd'hui, mais... demain, sans y mettre de faiblesse.

LÉON.

Mon ami, vous avez raison! cette crainte est son vrai motif. Sans doute il n'y a que ma mère qui puisse le faire changer. La voici qui vient avec celle... que je n'ose plus adorer. (*Avec douleur.*) O mon ami! rendez-la bienheureuse!

BÉGEARSS, *caressant.*

En lui parlant tous les jours de son frère.

SCÈNE VI.

Mᵐᵉ ALMAVIVA, FLORESTINE, BÉGEARSS, SUZANNE, LÉON.

Mᵐᵉ Almaviva, *coiffée, parée, portant une robe rouge et noire, et son bouquet de même couleur.*

Suzanne, donne mes diamans.

(*Suzanne va les chercher.*)

Bégearss, *affectant de la dignité.*

Madame, et vous, Mademoiselle, je vous laisse avec cet ami; je confirme d'avance tout ce qu'il va vous dire. Hélas! ne pensez point au bonheur que j'aurais de vous appartenir à tous : votre repos doit seul vous occuper. Je n'y veux concourir que sous la forme que vous adopterez. Mais, soit que Mademoiselle accepte ou non mes offres, recevez ma déclaration que toute la fortune dont je viens d'hériter lui est destinée de ma part, dans un contrat, ou par un testament; je vais en faire dresser les actes : Mademoiselle choisira. Après ce que je viens de dire, il ne conviendrait pas que ma présence ici gênât un parti qu'elle doit prendre en toute liberté; mais, quel qu'il soit, ô mes amis! sachez qu'il est sacré pour moi. Je l'adopte sans restriction. (*Il[1] sort.*)

---

[1]. *Édit. suiv.* : Il salue profondément et sort.

SCÈNE VII.

Mme ALMAVIVA, LÉON, FLORESTINE.

M^{mo} Almaviva *le regarde aller.*

C'est un ange envoyé du ciel pour réparer tous nos malheurs.

Léon, *avec une douleur ardente.*

O Florestine ! il faut céder ; ne pouvant être l'un à l'autre, nos premiers élans de douleurs nous avaient fait jurer de n'être jamais à personne : j'accomplirai ce serment pour nous deux. Ce n'est pas vous perdre en entier, puisque je retrouve une sœur où j'espérais posséder une épouse. Nous pourrons encore nous aimer.

SCÈNE VIII.

Mme ALMAVIVA, LÉON, FLORESTINE, SUZANNE.
Suzanne apporte l'écrain.

Mme Almaviva, *en parlant, met ses boucles d'oreilles, ses bagues, son bracelet, sans rien regarder.*

Florestine, épouse Bégearss : ses procédés l'en rendent

digne; et puisque cet hymen fait le bonheur de ton parrain, il faut l'achever aujourd'hui. (*Suzanne sort*[1].)

SCÈNE IX.

Mme ALMAVIVA, LÉON, FLORESTINE.

Mme ALMAVIVA, *à Léon.*

Nous, mon fils, ne sachons jamais ce que nous devons ignorer. Tu pleures, Florestine !

FLORESTINE, *pleurant.*

Ayez pitié de moi, Madame ! Eh ! comment soutenir autant d'assauts dans un seul jour ? A peine j'apprends qui je suis, qu'il faut renoncer à moi-même, et me livrer... Je meurs de douleur et d'effroi. Dénuée d'objections contre monsieur Bégearss, je sens mon cœur à l'agonie, en pensant qu'il peut devenir... Cependant il le faut; il faut me sacrifier au bien de ce frère chéri, à son bonheur... que je ne puis plus faire. Vous dites que je pleure ! ah ! je fais plus pour lui que si je lui donnais ma vie. Maman, ayez pitié de nous : bénissez vos enfants ! ils sont bien malheureux ! (*Elle se jette à genoux ; Léon en fait autant.*)

Mme ALMAVIVA, *leur imposant les mains.*

Je vous bénis, mes chers enfans. Ma Florestine, je

---

1. *Édit. suiv.* : et emporte l'écrin.

t'adopte. Si tu savais à quel point tu m'es chère! Tu seras heureuse, ma fille, et du bonheur de la vertu. Celui-là peut dédommager des autres¹.

FLORESTINE.

Mais croyez-vous, Madame, que mon dévouement le ramène à Léon, à son fils? car il ne faut pas se flatter : son injuste prévention va quelquefois jusqu'à la haine.

Mme ALMAVIVA.

Chère fille, j'en ai l'espoir.

LÉON.

C'est l'avis de monsieur Bégearss : il me l'a dit. Mais il m'a dit aussi qu'il n'y a que maman qui puisse opérer ce miracle; aurez-vous donc la force de lui parler en ma faveur?

Mme ALMAVIVA.

Je l'ai tenté souvent, mon fils, mais sans aucun fruit apparent.

LÉON.

O ma digne maman! c'est votre douceur qui m'a nui. La crainte de le contrarier vous a trop empêchée d'user de la juste influence que vous donnent votre vertu et le respect profond dont vous êtes entourée. Si vous lui parliez avec force, il ne vous résisterait pas.

1. *Édit. suiv.* : Florestine et Léon se lèvent.

Mᵐᵉ ALMAVIVA.

Vous le croyez, mon fils? Je vais l'essayer devant vous. Vos reproches m'affligent presque autant que son injustice. Mais, pour que vous ne gêniez pas le bien que je dirai de vous, mettez-vous dans mon cabinet : vous m'entendrez de là plaider une cause si juste ; vous n'accuserez plus une mère de manquer d'énergie quand il faut défendre son fils ! (*Elle sonne.*) Floresta, la décence ne te permet pas de rester. Va t'enfermer ; demande au ciel qu'il m'accorde quelque succès et rende enfin la paix à ma famille désolée. (*Florestine sort.*)

SCÈNE X.

SUZANNE, Mᵐᵉ ALMAVIVA, LÉON.

Suzanne.

Que veut Madame? elle a sonné.

Mᵐᵉ Almaviva.

Prie Monsieur, de ma part, de passer un moment ici.

Suzanne, *effrayée.*

Madame, vous me faites trembler ! Ciel ! que va-t-il donc se passer[1] ? Quoi ! Monsieur, qui ne vient jamais... sans...

---

1. *Édit. suiv.* Cette apostrophe est supprimée.

Mme Almaviva.

Fais ce que je te dis, Suzanne, et ne prends nul souci du reste. (*Suzanne sort en levant les bras[1] de terreur.*)

SCÈNE XI.

Mme ALMAVIVA, LÉON.

Mme Almaviva.

Vous allez voir, mon fils, si votre mère est faible en défendant vos intérêts; mais laissez-moi me recueillir, me préparer par la prière à cet important plaidoyer[2].

SCÈNE XII.

Mme Almaviva, *seule, un genou sur son fauteuil.*

Ce moment me semble terrible[3] comme le jugement dernier; mon sang est prêt à s'arrêter! O mon Dieu, donnez-moi la force de frapper au cœur d'un époux! (*Plus bas.*)

---

1. *Édit. suiv.*: au ciel.
2. *Édit. suiv.* Jeu de scène: Léon entre au cabinet de sa mère.
3. *Édit. suiv.* La fin de la phrase est supprimée.

Vous seul connaissez les motifs qui m'ont toujours fermé la bouche! Ah! s'il ne s'agissait du bonheur de mon fils, vous savez, ô mon Dieu, si j'oserais dire un mot pour moi! Mais enfin, s'il est vrai qu'une faute pleurée vingt ans ait obtenu de vous un pardon généreux, comme un sage ami m'en assure, ô mon Dieu, donnez-moi la force de frapper au cœur d'un époux!

SCÈNE XIII.

Mme ALMAVIVA, ALMAVIVA, LÉON, *caché*.

ALMAVIVA, *sèchement*.

Madame, on dit que vous me demandez?

Mme ALMAVIVA, *timidement*.

J'ai cru, Monsieur, que nous serions plus libres dans ce cabinet que chez vous.

ALMAVIVA.

M'y voilà, Madame, parlez.

Mme ALMAVIVA, *tremblante*.

Asseyons-nous, Monsieur, je vous conjure, et prêtez-moi votre attention.

ALMAVIVA, *impatient.*

Non, j'entendrai debout. Vous savez qu'en parlant je ne saurais tenir[1] en place.

Mme ALMAVIVA, *s'asseyant avec un soupir, et parlant bas.*

Il s'agit de mon fils..., Monsieur.

ALMAVIVA, *brusquement.*

De votre fils, Madame?

Mme ALMAVIVA.

Eh! quel autre intérêt pourrait vaincre ma répugnance à engager un entretien que vous ne recherchez jamais? Mais je viens de le voir dans un état à faire compassion : l'esprit troublé, le cœur serré de l'ordre que vous lui donnez de partir sur le champ; sur-tout du ton de dureté qui accompagne cet exil. Eh! comment a-t-il encouru la disgrâce d'un p... d'un homme si juste? Depuis qu'un exécrable duel nous a ravi notre autre fils...

ALMAVIVA, *les mains sur le visage, avec un air de douleur.*

Ah!...

Mme ALMAVIVA.

Celui-ci, qui jamais ne dût connaître le chagrin, a redoublé de soins et d'attentions pour adoucir l'amertume des nôtres.

---

1. *Édit. suiv. :* rester.

ALMAVIVA *se promène doucement.*

Ah !...

Mme ALMAVIVA.

Le caractère emporté de son frère, son désordre, ses goûts et sa conduite déréglée, nous en donnaient souvent de bien cruels[1]. Le ciel sévère, mais sage en ses décrets, en nous privant d'un tel enfant, nous en a peut-être épargné de plus cuisans pour l'avenir.

ALMAVIVA[2] *se promène plus vîte.*

Ah ! ah !...

Mme ALMAVIVA.

Mais enfin, celui qui nous reste a-t-il jamais manqué à ses devoirs ? jamais le plus léger reproche fut-il mérité de sa part ? Exemple des hommes de son âge, il a l'estime universelle; il est aimé, recherché, consulté. Son p..., protecteur naturel, mon époux seul, paraît avoir les yeux fermés sur un mérite transcendant, dont l'éclat frappe tout le monde.

(*Almaviva se promène plus vîte sans parler.*)

Mme ALMAVIVA, *prenant courage de son silence, continue d'un ton plus ferme, et l'élève par degré.*

En tout autre sujet, Monsieur, je tiendrais à fort grand honneur de vous soumettre mon avis, de modeler ma faible opinion sur la vôtre : mais il s'agit... d'un fils...

(*Almaviva s'agite en marchant.*)

---

1. *Édit. suiv.* La phrase suivante est supprimée.
2. *Édit. suiv.* : avec douleur.

Mme ALMAVIVA.

Quand il avait un frère aîné, l'orgueil d'un très-grand nom le condamnant au célibat, l'ordre de Malthe était son sort. Le préjugé semblait alors couvrir l'injustice de ce partage entre deux fils[1]... égaux en droits...

ALMAVIVA *s'agite plus fort. (A part, d'un ton étouffé.)*

Égaux en droits!...

Mme ALMAVIVA[2].

Mais, depuis deux années qu'un accident affreux... les lui a tous transmis, n'est-il pas étonnant que vous n'ayez rien entrepris pour le relever de ses vœux? Il est de notoriété que vous n'avez quitté l'Espagne que pour dénaturer vos biens par la vente ou par des échanges. Si c'est pour l'en priver, Monsieur, la haine ne va pas plus loin! Puis vous le chassez de chez vous, et semblez lui fermer la maison p... par vous habitée. Permettez-moi de vous le dire, un traitement aussi étrange est sans excuse aux yeux de la raison. Qu'a-t-il fait pour le mériter?

ALMAVIVA *s'arrête d'un ton terrible.*

Ce qu'il a fait?

Mme ALMAVIVA, *effrayée.*

Je voudrais bien, Monsieur, ne pas vous offenser.

1 *Édit. suiv.*: timidement.
2. *Édit. suiv.*: un peu plus fort.

ALMAVIVA, *plus fort*:

Ce qu'il a fait, Madame ? et c'est vous qui le demandez !

Mme ALMAVIVA, *en désordre*.

Monsieur, Monsieur, vous m'effrayez beaucoup !

ALMAVIVA, *avec fureur*.

Puisque vous avez provoqué l'explosion du ressentiment qu'un respect humain enchaînait, vous entendrez son arrêt et le vôtre.

Mme ALMAVIVA, *plus troublée*.

Ah ! Monsieur. Ah ! Monsieur...

ALMAVIVA.

Vous demandez ce qu'il a fait ?

Mme ALMAVIVA, *levant les bras*.

Non, Monsieur, ne me dites rien !

ALMAVIVA, *hors de lui*.

Rappelez-vous, femme perfide, ce que vous avez fait vous-même ; et comment, recevant un adultère dans vos bras, vous avez mis dans ma maison cet enfant étranger que vous osez nommer mon fils.

Mme ALMAVIVA, *au désespoir*[1].

Laissez-moi m'enfuir, je vous prie

ALMAVIVA, *la clouant sur son fauteuil.*

Non, vous ne fuirez pas; vous n'échapperez point à la conviction qui vous presse[2]. Connaissez-vous cette écriture? elle est tracée de votre main coupable; et ces caractères sanglans qui lui servirent de réponse?...

Mme ALMAVIVA, *anéantie.*

Je vais mourir! Je vais mourir!

ALMAVIVA, *avec force.*

Non, non, vous entendrez les traits que j'en ai soulignés! (*Il lit*[3].) « Malheureux insensé! notre sort est rempli. « Votre crime, le mien reçoit sa punition. Aujourd'hui, « jour de *Saint-Léon*, patron de ce lieu et le vôtre, je viens « de mettre au monde un fils, mon[4] opprobre et mon dés- « espoir. » (*Il parle.*) Et cet enfant est né le jour de Saint-Léon, plus de dix mois après mon départ pour la Vera Crux. (*Pendant qu'il lit très-fort, on entend madame Almaviva égarée dire des mots coupés qui partent du délire.*)

Mme ALMAVIVA, *priant les mains jointes.*

Grand dieu, tu ne permets donc pas que le crime le plus caché demeure toujours impuni!

1. *Édit. suiv.* : veut se lever.
2. *Édit. suiv.* : lui montrant sa lettre.
3. *Édit. suiv.* : très-fort.
4. *Édit. suiv.* : reproche.

Almaviva.

... Et de la main du corrupteur. (*Il lit.*) « L'ami qui vous
« rendra ceci, quand je ne serai plus, est sûr. »

Mme Almaviva, *priant*.

Frappe, mon dieu, car je l'ai mérité !

Almaviva *lit*.

« ... Si la mort d'un infortuné vous inspirait un reste de
« pitié, parmi les noms qu'on va donner à ce fils héritier
« d'un autre... »

Mme Almaviva, *priant*.

Accepte l'horreur que j'éprouve, en expiation de ma
faute !

Almaviva *lit*.

« Puis-je espérer que le nom de Léon .. » (*Il parle.*) Et
ce fils s'appelle Léon !

Mme Almaviva[1], *égarée, les yeux fermés*.

O dieu ! mon crime fut bien grand, s'il égala ma punition ! Que ta volonté s'accomplisse !

Almaviva, *plus fort*.

Et couverte de cet opprobre, vous osez me demander
compte de mon éloignement pour lui ?

---

1. *Édit. suiv.* Cette réponse de la Comtesse est supprimée

Mme ALMAVIVA, *priant toujours*[1].

Qui suis-je pour m'y opposer, lorsque ton bras s'appesantit?

ALMAVIVA.

Et lorsque vous plaidez pour l'enfant de ce malheureux, vous avez au bras mon portrait.

Mme ALMAVIVA, *en le détachant, le regarde.*

Monsieur, Monsieur, je le rendrai; je sais que je n'en suis pas digne. (*Dans le plus grand égarement.*) Ciel! que m'arrive-t-il? Ah! je perds la raison; ma conscience troublée fait naître des fantômes. Réprobation anticipée!... je vois ce qui n'existe pas... Ce n'est plus vous, c'est lui qui me fait signe de le suivre, d'aller le rejoindre au tombeau.

ALMAVIVA, *effrayé.*

Comment! Eh bien! non, ce n'est pas...

Mme ALMAVIVA [2].

Ombre terrible, éloigne-toi!

ALMAVIVA *crie*[3].

Ce n'est pas ce que vous croyez.

1. *Édit. suiv.* Cette réplique est supprimée.
2. *Édit. suiv.* : en délire.
3. *Édit. suiv.* : avec douleur.

Mme ALMAVIVA *jette le bracelet par terre.*

Attends... Oui, je t'obéirai...

ALMAVIVA, *plus troublé.*

Madame, écoutez-moi...

Mme ALMAVIVA.

J'irai... je t'obéis... Je meurs... (¹*Elle reste évanouie.*)

ALMAVIVA, *effrayé, ramasse le bracelet.*

J'ai passé la mesure... elle se trouve mal... Ah dieux ! courons lui chercher du secours². (*Il s'enfuit. — Les convulsions de la douleur font glisser madame Almaviva à terre.*)

SCÈNE XIV.

LÉON *accourant,* Mme ALMAVIVA *évanouie*[3].

LÉON[4].

O ma mère !... ma mère, c'est moi qui te donne la mort!

1. *Édit. suiv.* : Elle tombe par terre.
2. *Édit. suiv.* : Il ouvre la porte du fond et crie : « Suzanne! Figaro! au secours! au secours! »
3. *Édit. suiv.* : Le Comte dans le fond.
4. *Édit. suiv.* : avec force.

(*Il l'enlève et la remet sur son fauteuil, évanouie.*) Que ne suis-je parti sans rien exiger de personne! j'aurais prévenu ces horreurs!

SCÈNE XV.

ALMAVIVA, SUZANNE, LÉON,
Mᵐᵉ ALMAVIVA *évanouie.*

ALMAVIVA, *rentrant, s'écrie :*

Et son fils!...

LÉON, *égaré.*

Elle est morte. Ah! je ne lui survivrai pas. (*Il l'embrasse en criant.*)

ALMAVIVA, *effrayé.*

Des sels! des sels! Suzanne, un million, si vous la sauvez.

LÉON.

O malheureuse mère!

SUZANNE[1].

Madame, aspirez ce flacon. Soutenez-la, monsieur; je vais tâcher de la dessèrer.

---

1. *Édit. suiv. :* présentant un flacon.

ALMAVIVA, *égaré.*

Romps tout, arrache tout. Ah! j'aurais dû la ménager.

LÉON, *criant*[1].

Elle est morte! elle est morte!

SCÈNE XVI.

ALMAVIVA, SUZANNE, LÉON, Mme ALMAVIVA[2], FIGARO *accourant.*

FIGARO.

Eh! qui, morte? madame? Appaisez donc ces cris! c'est vous qui la ferez mourir. (*Il lui prend le bras.*) Non, elle ne l'est pas : ce n'est qu'une suffocation, le sang qui monte avec violence. Sans perdre de temps il faut la soulager. Je vais chercher ce qu'il me faut.

ALMAVIVA, *hors de lui.*

Des ailes, Figaro, ma fortune est à toi.

1. *Édit. suiv.*: avec délire.
2. *Édit. suiv.*: évanouie.

FIGARO, *vivement.*

J'ai bien besoin de vos promesses, lorsque madame est en péril. (*Il sort*[1].)

SCÈNE XVII.

ALMAVIVA, LÉON, Mme ALMAVIVA *évanouie*, SUZANNE.

LÉON, *lui tenant le flacon sous le nez.*

Si l'on pouvait la faire respirer... O dieu! rendez-moi ma malheureuse mère!... La voici qui revient...

SUZANNE, *pleurant.*

Madame, allons, madame...

Mme ALMAVIVA, *revenant à elle.*

Ah! qu'on a de peine à mourir!

LÉON, *sanglotant.*

Non, maman, vous ne mourrez pas.

1. *Édit. suiv.* : en courant.

Mme ALMAVIVA, *égarée.*

O ciel! entre mes juges, entre mon époux et mon fils! Tout est connu... et criminelle envers tous deux... (*Elle se jette à terre, et se prosterne.*) Vengez-vous l'un et l'autre : il n'est plus de pardon pour moi[1]. Mère coupable, épouse indigne! un instant nous a tous perdus[2]. J'ai mis l'horreur dans ma famille; j'allumai la guerre intestine entre le père et les enfans. Ciel juste! il fallait bien que ce crime fût découvert : puisse ma mort expier mon forfait!

ALMAVIVA, *au désespoir.*

Non, revenez à vous; votre douleur a déchiré mon âme. Asséyons-la, Léon, mon fils! (*Léon fait un grand mouvement.*) Suzanne, asséyons-la. (*Ils la remettent sur son fauteuil.*)

SCÈNE XVIII.

ALMAVIVA, LÉON, Mme ALMAVIVA, FIGARO, SUZANNE.

FIGARO, *accourant*[3].

Elle a repris sa connaissance?

1. *Édit. suiv.* : avec horreur.
2. *Édit. suiv.* La phrase qui suit est supprimée.
3. *Édit. suiv.* : avec un flacon.

SUZANNE.

Ah Dieu! j'étouffe aussi. (*Elle se desserre.*)

ALMAVIVA *crie*.

Figaro, vos secours!

FIGARO, *étouffé*.

Un moment, calmez-vous. Son état n'est plus si pressant. Moi qui étais dehors, grand dieu! je suis rentré bien à propos... Elle m'avait fort effrayé. Allons, madame, du courage.

Mme ALMAVIVA, *priant renversée*.

Dieu de bonté, fais que je meure!

LÉON, *en l'asseyant*[1].

Non, maman, vous ne mourrez pas, et nous réparerons nos torts[2]. Monsieur, vous que je n'outragerai plus en vous donnant un autre nom, reprenez vos titres, vos biens; je n'y avais nul droit: hélas! je l'ignorais. Mais, par pitié, n'écrasez point d'un déshonneur public cette infortunée, qui fut vôtre... Une erreur expiée par vingt années de larmes est-elle encore un crime alors qu'on fait justice? Ma mère et moi, nous nous bannissons de chez vous.

ALMAVIVA, *exalté*.

Jamais! vous n'en sortirez point.

1. *Édit. suiv.* : mieux.
2. *Édit. suiv.* : Au Comte.

Léon.

Un couvent sera sa retraite; et moi, sous mon nom de Léon, sous le simple habit d'un soldat, je défendrai la liberté de notre nouvelle patrie : inconnu, je mourrai pour elle, ou je la servirai en zélé citoyen. (*Suzanne pleure dans un coin ; Figaro absorbé dans l'autre.*)

Mme Almaviva, *péniblement*.

Léon, mon cher enfant, ton courage me rend la vie. Je puis encore la supporter, puisque mon fils a la vertu de ne pas détester sa mère. Cette fierté dans le malheur sera ton noble patrimoine. Il m'épousa sans biens; n'exigeons rien de lui : le travail de mes mains soutiendra ma faible existence; et toi, tu serviras l'état.

Almaviva, *avec désespoir*.

Non, Rosine, jamais. C'est moi qui suis le vrai coupable ! De combien de vertus je privais ma triste vieillesse !...

Mme Almaviva.

Vous en serez enveloppé[1]. Florestine et Bégearss vous restent ; Floresta, votre fille, l'enfant chéri de votre cœur...

Almaviva[2].

Comment ? d'où savez-vous ?... qui vous l'a dit ?

1. *Édit. suiv.* : entouré.
2. *Édit. suiv.* : étonné.

Mme ALMAVIVA.

Monsieur, donnez-lui tous vos biens : mon fils et moi n'y mettrons point d'obstacle : son bonheur nous consolera. Mais, avant de nous séparer, que j'obtienne au moins une grace ! Apprenez-moi comment vous êtes possesseur d'une terrible lettre que je croyais brûlée avec les autres. Quelqu'un m'a-t-il trahie ?

FIGARO, *s'écriant.*

Oui, l'infâme Bégearss : je l'ai surpris tantôt qui la remettait à monsieur.

ALMAVIVA, *parlant vîte.*

Non, je la dois au seul hasard. Ce matin, lui et moi, pour un tout autre objet, nous examinions votre écrain, sans nous douter qu'il y eût un double fond. Dans le débat, et sous ses doigts, le secret s'est ouvert soudain, à son très-grand étonnement ; il a cru le coffret brisé.

FIGARO, *criant plus fort.*

Son étonnement d'un secret ? Monstre ! c'est lui qui l'a fait faire !

ALMAVIVA.

Est-il possible ?

Mme ALMAVIVA.

Il est trop vrai !

ALMAVIVA.

Des papiers frappent nos regards : il en ignorait l'existence; et quand j'ai voulu les lui lire, il a refusé de les voir.

SUZANNE, *s'écriant.*

Il les a lus cent fois avec madame !

ALMAVIVA.

Est-il vrai? les connaissait-il?

Mme ALMAVIVA.

Ce fut lui qui me les remit, qui les apporta de l'armée, lorsqu'un infortuné mourut.

ALMAVIVA.

Cet ami sûr, instruit de tout?...

FIGARO, Mme ALMAVIVA, SUZANNE, *ensemble criant.*

C'est lui !

ALMAVIVA.

O scélératesse infernale! avec quel art il m'avait engagé! A présent je sais tout.

FIGARO.

Vous le croyez !

ALMAVIVA.

Je connais son affreux projet. Mais, pour en être plus certains, déchirons le voile en entier. Par qui savez-vous donc ce qui touche ma Florestine?

Mme ALMAVIVA, *vîte.*

Lui seul m'en a fait confidence.

LÉON, *vîte.*

Il me l'a dit sous le secret.

SUZANNE, *vîte.*

Il me l'a dit aussi.

ALMAVIVA[1].

O monstre! et moi, j'allais la lui donner, mettre ma fortune en ses mains!

FIGARO, *vivement.*

Plus d'un tiers y serait déjà, si je n'avais porté, sans vous le dire, vos trois millions d'or en dépôt chez M. Fal. Vous alliez l'en rendre maître; heureusement que je m'en suis douté. Je vous ai donné son reçu...

ALMAVIVA, *vivement.*

Qu'un scélérat vient de m'enlever, pour en aller toucher la somme.

---

1. *Édit. suiv.* : avec horreur.

FIGARO, *désolé.*

O proscription sur moi! si l'argent est remis, tout ce que j'ai fait est perdu. Je cours chez M. Fal. Dieu veuille qu'il ne soit pas trop tard!

ALMAVIVA, *à Figaro.*

Le traître n'y peut être encore.

FIGARO.

S'il a perdu un temps, nous le tenons : j'y cours. (*Il veut sortir.*)

ALMAVIVA *vivement l'arrête.*

Mais, Figaro! que le fatal secret dont ce moment vient de t'instruire reste enseveli dans ton sein.

FIGARO, *avec une grande sensibilité.*

Mon bienfaiteur! il y a vingt ans qu'il est dans ce sein-là, et dix que je travaille à empêcher qu'un monstre n'en abuse : attendez surtout mon retour, avant de prendre aucun parti.

ALMAVIVA, *vivement.*

Penserait-il se disculper?

FIGARO.

Il fera tout pour le tenter; (*Il tire une lettre de sa poche*) mais voici le préservatif. Lisez le contenu de cette épouvantable lettre : le secret de l'enfer est là. Vous me saurez bon gré d'avoir tout fait pour me la procurer. (*Il lui remet la lettre de Bégearss.*) Suzanne, des gouttes à ta maîtresse; tu sais comment je les prépare. (*Il lui donne un flacon.*) Passez-la sur sa chaise longue[1] ; et le plus grand calme autour d'elle. Monsieur, au moins ne recommencez pas : elle s'éteindrait dans nos mains !

ALMAVIVA, *exalté*.

Recommencer? je me ferais horreur !

FIGARO, *à Mme Almaviva*.

Vous l'entendez, Madame, le voilà dans son caractère ! et c'est votre époux[2] que j'entends. Ah ! je l'ai toujours dit de lui : La colère, chez les bons cœurs, n'est qu'un besoin pressant de pardonner ! (*Il s'enfuit*[3].)

(*Almaviva et Léon la prennent sous les bras; ils sortent tous.*)

1. *Édit. suiv.* Ce commencement de phrase est supprimé.
2. *Édit. suiv.* : c'est mon maître....
3. *Édit. suiv.* : Il sort en courant.

FIN DU QUATRIÈME ACTE.

ACTE V

Le Théâtre représente le grand Sallon du premier Acte[1].

SCÈNE PREMIÈRE.

ALMAVIVA, Mme ALMAVIVA[2], LÉON, SUZANNE.

LÉON, *soutenant sa mère.*

Il fait trop chaud, maman, dans l'appartement intérieur[3]. (*Suzanne avance une bergère; on l'assied.*)

ALMAVIVA, *attendri, arrangeant les coussins.*

Etes-vous bien assise? Eh quoi! pleurer encore?

1. *Édit. suiv.* Même décoration, c'est-à-dire le cabinet de la Comtesse.
2. *Édit. suiv* : sans rouge, dans le plus grand désordre de parure.
3. *Édit. suiv.* : « Suzanne, avance une bergère! » continue Léon.

Mme ALMAVIVA, *accablée.*

Ah! laissez-moi verser des larmes de soulagement! ces récits affreux m'ont brisée! cette infâme lettre surtout[1]...

ALMAVIVA, *délirant.*

Marié en Irlande, il épousait ma fille! et tout mon bien placé sur la banque de Londres eût fait vivre un repaire affreux, jusqu'à la mort du dernier de nous tous!... Eh! qui sait, grand Dieu! quels moyens...

Mme ALMAVIVA.

Homme infortuné! calmez-vous. Mais il est temps de faire descendre Florestine. Elle avait le cœur si serré de ce qui devait lui arriver! Va la chercher, Suzanne, et ne l'instruis de rien.

ALMAVIVA, *avec dignité.*

Ce que j'ai dit à Figaro, Suzanne, était pour vous comme pour lui.

SUZANNE.

Monsieur, celle qui vit madame pleurer, prier pendant vingt ans, a trop gémi de ses douleurs pour rien faire qui les accroisse! (*Elle sort.*)

1. *Édit. suiv.* : la lettre surtout de cet infâme Bégearss.

SCÈNE II.

ALMAVIVA, Mme ALMAVIVA, LÉON.

ALMAVIVA, *avec un vif sentiment.*

Ah! Rosine, séchez vos pleurs, et maudit soit qui vous affligera!

Mme ALMAVIVA[1].

Mon fils, embrasse les genoux de ton généreux protecteur; rends-lui grâce pour ta mère[2].

ALMAVIVA *le relève.*

Oublions le passé, Léon. Gardons-en le silence, et n'émouvons plus votre mère. Figaro demande du calme[3]. Ah! respectons surtout la jeunesse de Florestine, en lui cachant soigneusement les causes de cet accident!

---

1. *Édit. suiv.* : à Léon.
2. *Édit. suiv.* : Léon veut se mettre à genoux.
3. *Édit. suiv.* : un grand calme.

SCÈNE III.

FLORESTINE, SUZANNE, ALMAVIVA, Mme ALMAVIVA, LÉON.

FLORESTINE[1].

Mon Dieu! Maman, qu'avez-vous donc?

Mme ALMAVIVA.

Rien que d'agréable à t'apprendre, et ton parrain va t'en instruire.

ALMAVIVA.

Hélas! ma Florestine, je frémis du péril où j'allais plonger ta jeunesse. Grâce au ciel qui dévoile tout, tu n'épouseras point Bégearss; non, tu ne seras point la femme du plus épouvantable ingrat..

FLORESTINE.

Ah ciel! Léon!...

LÉON.

Ma sœur, il nous a tous joués!

FLORESTINE, à Almaviva.

Sa sœur!

---

1. *Édit. suiv.* : accourant.

ALMAVIVA.

Il nous trompait ; il trompait les uns par les autres, et tu étais le prix de ses horribles perfidies : je vais le chasser de chez moi.

Mme ALMAVIVA.

L'instinct de ta frayeur te servait mieux que nos lumières. Aimable enfant ! rends grâce au ciel qui te sauve d'un pareil danger[1].

LÉON.

Ma sœur, il nous a joués !

FLORESTINE, *à Almaviva.*

Monsieur, il m'appelle sa sœur !

Mme ALMAVIVA, *exaltée.*

Oui, Floresta, tu es à nous. C'est là notre secret chéri. Voilà ton père, voilà ton frère, et moi, je suis ta mère, pour la vie. Ah ! garde-toi de l'oublier jamais ! (*Elle tend la main à son époux.*) Almaviva ! n'est-ce pas[2] qu'elle est ma fille?

ALMAVIVA, *exalté.*

Et lui, mon fils : voilà nos deux enfans !

(*Tous se serrent dans les bras l'un de l'autre.*)

---

1. *Épit. suiv.* Cette dernière phrase supprimée.
2. *Édit. suiv. :* pas vrai qu'elle est ma fille ?

SCÈNE IV.

FIGARO, M. FAL, *notaire*; FLORESTINE, SUZANNE, ALMAVIVA, Mme ALMAVIVA, LÉON[1].

FIGARO, *accourant, et jetant son manteau*.

Malédiction! il a le portefeuille. J'ai vu le traître l'emporter quand je suis entré chez monsieur.

ALMAVIVA.

O, monsieur Fal! vous vous êtes pressé!

M. FAL, *vivement*.

Non, Monsieur, au contraire. Il est resté plus d'une heure avec moi, m'a fait achever le contrat, y insérer la donation qu'il fait. Puis il m'a remis mon reçu, au bas duquel était le vôtre, en me disant que la somme est à lui, qu'elle est un fruit d'hérédité, qu'il vous l'a remise en confiance.

ALMAVIVA.

O scélérat! il n'oublie rien!

FIGARO.

Que de trembler sur l'avenir.

---

1. *Édit. suiv.*: Un clerc de M. Fal, qui va s'asseoir devant une table.

M. Fal.

Avec ces éclaircissemens, ai-je pu refuser le portefeuille qu'il exigeait? Ce sont trois millions au porteur. Si vous rompez le mariage, et qu'il veuille garder l'argent, c'est un mal presque sans remède.

Almaviva, *avec véhémence.*

Que tout l'or du monde périsse, et que je sois débarrassé de lui!

Figaro, *jetant son chapeau sur un fauteuil.*

Dussé-je être pendu, il n'en gardera pas une obole! (*A Suzanne.*) Veille au dehors, Suzanne. (*Elle sort.*)

M. Fal.

Avez-vous un moyen de lui faire avouer devant de bons témoins qu'il tient ce trésor de monsieur? Sans cela, je défie qu'on puisse le lui arracher!

Figaro.

S'il apprend par son Allemand ce qui se passe dans l'hôtel, il n'y rentrera plus.

Almaviva, *vivement.*

Tant mieux! c'est tout ce que je veux! Ah! qu'il garde le reste!

Figaro, *vivement.*

Lui laisser par dépit l'héritage de vos enfans! ce n'est point vertu, c'est faiblesse.

LÉON, *fâché.*

Figaro!

FIGARO, *plus fort.*

Je ne m'en dédis point. (*A Almaviva.*) Qu'obtiendra donc de vous l'attachement, si vous payez ainsi la perfidie?

ALMAVIVA, *se fâchant.*

Mais l'entreprendre sans succès, c'est lui ménager un triomphe...

SCÈNE V.

FIGARO, M. FAL, *notaire;* FLORESTINE, ALMAVIVA, Mme ALMAVIVA, LÉON, SUZANNE.

SUZANNE, *à la porte, criant.*

Monsieur Bégearss qui rentre! (*Elle sort.*)

SCÈNE VI[1].

FIGARO, M. FAL, *notaire;* FLORESTINE, ALMAVIVA, Mme ALMAVIVA, LÉON.

(*Ils font tous un grand mouvement.*)

ALMAVIVA, *hors de lui.*

Oh! traître!

FIGARO, *très-vîte.*

On ne peut plus se concerter; mais, si vous m'écoutez et si vous me secondez tous pour lui donner une sécurité profonde, j'engage ma tête au succès.

M. FAL.

Vous allez lui parler du portefeuille et du contrat?

FIGARO, *très-vîte.*

Non pas : il en sait trop pour l'entamer si brusquement. Il faut l'amener de plus loin à faire un aveu volontaire. (*A Almaviva.*) Feignez de vouloir me chasser.

ALMAVIVA, *troublé.*

Mais, mais, sur quoi?

---

1. Variante 27.

SCÈNE VII.

FIGARO, M. FAL, *notaire ;* FLORESTINE, ALMAVIVA, Mme ALMAVIVA, LÉON, SUZANNE, BÉGEARSS.

Suzanne, *accourant.*

Monsieur Bégéa a a a a a a a arss ! (*Elle se range près de madame Almaviva.*)

(*Bégearss montre une grande surprise.*)

Figaro *s'écrie en le voyant.*

Monsieur Bégearss ! (*Humblement.*) Eh bien ! ce n'est qu'une humiliation de plus. Puisque vous attachez à l'aveu de mes torts le pardon que je sollicite, j'espère que monsieur ne sera pas moins généreux.

Bégearss, *étonné.*

Qu'y a-t-il donc ? je vous trouve assemblés[1] !

Almaviva, *brusquement.*

Pour chasser un sujet indigne.

Bégearss, *plus surpris, voyant le notaire.*

Et M. Fal ?

1. Variante 28.

M. Fal, *lui montrant le contrat.*

Voyez qu'on ne perd point de temps. Tout ici concourt avec vous.

Bégearss, *à part.*

Ha, ha!...

Almaviva, *impatient, à Figaro.*

Pressez-vous : ceci me fatigue.

(*Pendant cette scène, Bégearss les examine l'un après l'autre avec la plus grande attention.*)

Figaro, *l'air suppliant, adressant la parole à Almaviva*

Puisque la feinte est inutile, achevons mes tristes aveux. Oui, pour nuire à monsieur Bégearss, je répète, avec confusion, que je me suis mis à l'épier, le suivre et le troubler partout : (*à Almaviva*) car monsieur n'avait pas sonné lorsque je suis entré chez lui, pour savoir ce qu'on y faisait du coffre aux brillans de madame, que j'ai trouvé là tout ouvert.

Bégearss.

Certes, ouvert à mon grand regret!

Almaviva *fait un mouvement inquiétant.*

(*A part.*) Quelle audace!

Figaro, *se courbant, le tire par l'habit*[1].

Ah! monsieur!

---

1. *Édit. suiv.* : pour l'avertir.

M. Fal[1].

Monsieur!...

Bégearss, *à Almaviva, à part.*

Modérez-vous, ou nous ne saurons rien.

(*Almaviva frappe du pied. Bégearss l'examine.*)

Figaro, *soupirant, à Almaviva.*

C'est ainsi que, sachant madame enfermée avec lui pour brûler de certains papiers dont je connaissais l'importance, je vous ai fait venir subitement.

Bégearss, *à Almaviva.*

Vous l'ai-je dit?

Almaviva mord son mouchoir de fureur.

Suzanne, *bas, à Figaro*[2].

Achève, achève!

Figaro, *soupirant.*

Enfin, vous voyant tous d'accord, j'avoue que j'ai fait l'impossible pour provoquer entre madame et vous la vive explication qui n'a pas eu la fin que j'espérais.

Almaviva, *à Figaro, avec colère.*

Finissez-vous ce plaidoyer?

---

1. *Édit. suiv.* : effrayé.
2. *Édit. suiv.* : par derrière.

FIGARO, *bien humble.*

Hélas! je n'ai plus rien à dire, puisque c'est cette explication qui a fait chercher monsieur Fal pour finir ici le contrat[1]. L'heureuse étoile de monsieur a triomphé de tous mes artifices... Mon maître! en faveur de trente ans...

ALMAVIVA, *avec humeur.*

Ce n'est pas à moi de juger. (*Il marche vîte*[2].)

FIGARO.

Monsieur Bégearss!...

BÉGEARSS, *qui a repris sa sécurité, dit ironiquement.*

Qui! moi? cher ami, je ne comptais guères vous avoir tant d'obligations! (*Elevant son ton.*) Voir mon bonheur accéléré par le coupable effort destiné à me le ravir! (*A Léon et Florestine.*) O jeunes gens! quelle leçon! Marchons avec candeur dans les sentiers de la vertu. Voyez que tôt ou tard l'intrigue est la perte de son auteur.

FIGARO, *prosterné.*

Ah! oui!

BÉGEARSS, *à Almaviva.*

Monsieur, pour cette fois encore[3]...

---

1. *Édit. suiv.* : En montrant Bégearss.
2. *Édit. suiv.* L'indication de ce jeu de scène est supprimée.
3. *Édit. suiv.* : Et qu'il parte!... évidemment oublié, la réplique suivante ne signifiant rien sans le rétablissement de ces mots.

ALMAVIVA, *à Bégearss durement.*

C'est là votre arrêt?... j'y souscris.

FIGARO, *ardemment.*

Monsieur Bégearss, je vous le dois. Mais je vois monsieur Fal pressé d'achever un contrat...

ALMAVIVA, *brusquement.*

Les articles m'en sont connus.

M. FAL.

Hors celui-ci. Je vais vous lire la donation que monsieur fait... (*Cherchant l'endroit.*) M., M., M.,[1] James-Honoré Bégearss... Ah! (*Il lit.*) « Et pour donner à la demoi-
« selle future épouse une preuve non équivoque de son
« attachement pour elle, ledit[2] futur époux lui fait dona-
« tion entière de tous les grands biens qu'il possède, con-
« sistant aujourd'hui (*Il appuie en lisant*) (ainsi qu'il le
« déclare, et les a exhibés à nous Notaires soussignés) en
« trois millions d'or, ici joints en très-bons effets au por-
« teur. » (*Il tend la main, en lisant.*)

BÉGEARSS.

Les voilà dans ce portefeuille. (*Il donne le porte-feuille à Fal.*) Il manque deux milliers de louis, que je viens d'en ôter pour fournir aux apprêts des noces.

1. *Édit. suiv.* : Hon... hon... hon... Messire....
2. *Édit. suiv.* : seigneur.

Figaro, *montrant Almaviva, et vivement.*

Monsieur a décidé qu'il paierait tout; j'ai l'ordre.

Bégearss, *tirant des effets de sa poche et les remettant au notaire.*

En ce cas, enregistrez-les; que la donation soit entière!
(*Figaro, retourné, se tient la bouche*[1].)

M. Fal. *ouvre le porte-feuille, y remet les effets*[2].

Monsieur va tout additionner pendant que nous acheverons. (*Il donne le portefeuille ouvert à Figaro, qui, voyant les effets, dit :*)

Figaro, *l'air exalté.*

Et moi j'éprouve qu'un bon repentir est comme une bonne action : qu'il porte aussi sa récompense.

Bégearss.

En quoi?

Figaro.

J'ai le bonheur de m'assurer qu'il est ici plus d'un généreux homme! O! que le ciel comble les vœux de deux amis aussi parfaits! Nous n'avons nul besoin d'écrire. (*A Almaviva.*) Ce sont vos effets au porteur; oui, monsieur, je les reconnais. Entre monsieur Bégearss et vous, c'est un combat de générosité : l'un donne ses biens à l'époux, l'autre

---

1. *Édit. suiv.* : pour ne pas rire.
2. *Édit. suiv.* : et dit, en montrant Figaro.

les rend à la future[1]. Monsieur, mademoiselle, ah! quel bienfaisant protecteur! et que vous allez le chérir! Mais, que dis-je? l'enthousiasme m'aurait-il fait commettre une indiscrétion offensante? (*Tout le monde garde le silence.*)

BÉGEARSS, *un peu surpris, se remet, prend son parti et dit :*

Elle ne peut l'être pour personne, si mon ami ne la désavoue pas, s'il met mon âme à l'aise, en me permettant d'avouer que je tiens de lui ces effets. Celui-là n'a pas un bon cœur, que la gratitude fatigue, et cet aveu manquait à ma satisfaction. (*Montrant Almaviva.*) Je lui dois bonheur et fortune, et quand je les partage avec sa digne fille, je ne fais que lui rendre ce qui lui appartient de droit[2]. Remettez-moi le portefeuille : je ne veux avoir que l'honneur de le mettre à ses pieds moi-même, en signant notre heureux contrat. (*Il veut le reprendre.*)

FIGARO, *sautant de joie*[3].

Messieurs, vous l'avez entendu : vous témoignerez, s'il le faut. Mon maître, voilà vos effets ; donnez-les à leur détenteur, si votre cœur l'en juge digne. (*Il lui remet le portefeuille.*)

ALMAVIVA, *se levant, à Bégearss.*

Grand Dieu! les lui donner! Homme cruel! sortez de ma maison. L'enfer n'est pas aussi profond que vous[4]! Grâce à ce bon vieux serviteur, mon imprudence est réparée. Sortez à l'instant de chez moi.

1. *Édit. suiv.* : aux jeunes gens.
2. *Édit. suiv.* : A M. Fal.
3. *Édit. suiv.* : à M. Fal et au clerc.
4. *Édit. suiv.* : En montrant Figaro.

BÉGEARSS.

O mon ami ! vous êtes encore trompé !

ALMAVIVA, *hors de lui, le bride de sa lettre ouverte.*

Et cette lettre, monstre, m'abuse-t-elle aussi ?

BÉGEARSS *a lu ; furieux, il arrache à Almaviva la lettre, et se montre tel qu'il est.*

Ah ! je suis joué ! mais j'en aurai raison.

LÉON.

Laissez en paix une famille que vous avez remplie d'horreur !

BÉGEARSS, *furieux*.

Jeune insensé ! c'est toi qui va payer pour tous, je t'appelle au combat.

LÉON, *vîte*[1].

J'y cours.

ALMAVIVA, *vîte*.

Léon !

Mme ALMAVIVA, *vîte*.

Mon fils !

FLORESTINE, *vîte*.

Mon frère !

---

1. *Édit. suiv. :* Vivement, au lieu de vite.

ALMAVIVA.

Léon, je vous défends... (*A Bégearss.*) Vous vous êtes rendu indigne de l'honneur que vous demandez. Ce n'est point par cette voie-là qu'un homme comme vous doit terminer sa vie.

(*Bégearss fait un geste affreux sans parler.*)

FIGARO, *arrêtant Léon vivement.*

Non, jeune homme, vous n'irez point. Monsieur votre père a raison, et l'opinion est réformée sur cette horrible frénésie : on ne combattra plus ici que les ennemis de l'état. Laissez-le en proie à sa fureur, et s'il ose vous attaquer, défendez-vous comme d'un assassin. Personne ne trouve mauvais qu'on tue une bête enragée. Mais il se gardera de l'oser : l'homme capable de tant d'horreur doit être aussi lâche que vil.

BÉGEARSS, *hors de lui.*

Malheureux !

ALMAVIVA, *frappant du pied.*

Nous laissez-vous enfin? C'est un supplice de vous voir. (*Mme Almaviva, effrayée sur son siége ; Florestine et Suzanne la soutiennent ; Léon se réunit à elles.*)

BÉGEARSS[1].

Oui, morbleu ! je vous laisse; mais j'ai la preuve en main

---

1. *Édit. suiv.* : les dents serrées.

de votre infâme trahison. Vous n'avez demandé l'agrément de la cour[1] pour échanger vos biens d'Espagne, que pour être à portée de troubler sans péril l'autre côté des Pyrénées.

ALMAVIVA.

O monstre ! que dit-il ?

BÉGEARSS.

Ce que je vais dénoncer à Madrid. N'y eût-il que le buste en grand d'un Washington dans votre cabinet, j'y vais faire confisquer tous vos biens.

FIGARO, *criant*.

Certainement, le tiers au dénonciateur[2].

(*Figaro, tirant un paquet de sa poche, s'écrie vivement :*)

Mais voici l'agrément. J'avais prévu le coup : je viens de votre part d'enlever le paquet au courier[3] qui arrivait.

(*Almaviva se relève avec vivacité, et prend le paquet.*)

---

1. *Édit. suiv. :* de Sa Majesté.

2. *Édit. suiv. :*   BÉGEARSS.
Mais, pour que vous n'échangiez rien, je cours chez notre ambassadeur arrêter dans ses mains l'agrément de Sa Majesté, que l'on attend par ce courrier.
FIGARO.
L'agrément du Roi ? le voici.

3. *Édit. suiv. :* au secrétariat d'ambassade.

BÉGEARSS, *furieux, frappe sur son front, fait deux pas pour sortir, et se retourne.*

Adieu, famille abandonnée, maison sans mœurs et sans honneur! Vous aurez l'impudeur de conclure un mariage abominable, en unissant le frère avec la sœur; mais l'univers saura votre infamie! (*Il sort.*)

SCÈNE VIII et *dernière*.

FIGARO, M. Fal, *notaire;* FLORESTINE, ALMAVIVA, Mme ALMAVIVA, LÉON, SUZANNE.

FIGARO, *follement.*

Qu'il fasse des libelles, dernière ressource des lâches! Il n'est plus dangereux, bien démasqué, et pas vingt-cinq louis dans le monde! Ah! monsieur Fal, je me serais poignardé s'il eût conservé les deux mille louis qu'il avait soustraits du paquet. (*Il reprend un ton grave.*) D'ailleurs, nul ne sait mieux que lui que, par la nature et la loi, ces jeunes gens ne se sont rien, qu'ils sont étrangers l'un à l'autre.

ALMAVIVA *l'embrasse, et crie:*

O Figaro!... Madame, il a raison.

LÉON, *très-vîte*.

Dieux! maman, quel espoir!

FLORESTINE, *à Almaviva*.

Eh quoi! Monsieur, n'êtes-vous plus?...

ALMAVIVA, *ivre de joie*.

Mes enfans, nous y reviendrons, et nous consulterons, sous des noms supposés, des gens de loi, discrets, éclairés, pleins d'honneur. O mes enfans! il vient un âge où les honnêtes gens se pardonnent leurs torts, leurs anciennes faiblesses, et font succéder un doux attachement aux passions orageuses qui les avaient trop désunis[1]. Rosine (c'est le nom que votre époux vous rend), allons nous reposer des fatigues de la journée. Monsieur Fal, restez avec nous[2]. Venez, mes deux enfans. Suzanne, embrasse ton mari, et que nos sujets de querelle soient ensevelis pour toujours. (*A Figaro.*) Les deux mille louis qu'il avait soustraits, je te les donne, en attendant la récompense qui t'est bien due....

FIGARO, *vivement*.

A moi, Monsieur? Non, s'il vous plaît : gâter par un vil salaire le bon service que j'ai fait! Ma récompense est de mourir chez vous. Jeune, j'ai failli souvent : que ce jour acquitte ma vie! O ma vieillesse! pardonne à ma jeunesse;

---

1. *Édit. suiv.* : A la Comtesse.
2. *Édit. suiv.* : A Léon et à Florestine.

elle s'honorera de toi. Quelle heureuse révolution[1] ! un jour a changé notre état. Plus d'oppresseur, d'hypocrite insolent : chacun a bien fait son devoir. Ne plaignons point quelques momens de trouble : on gagne assez dans les familles, quand on en expulse un méchant.

1. *Édit. suiv.* Cette apostrophe à la Révolution est supprimée.

FIN.

VARIANTES

VARIANTES

VARIANTES

Variante I.

FIGARO, *appuyant.*

Qui? l'honnête M. Bégearss?

Var. II.

SUZANNE.

J'en suis sûre à peu près, quoiqu'il ne me l'ait pas confié.

FIGARO.

Tourmenté par ce noir soupçon, je vais chez le notaire du Comte me débarrasser d'un portefeuille de 1,500,000 francs, arrivés de Cadix pour la vente qu'il a faite de ses biens à la Vera Cruz. En conversant, j'apprends par M. Fal qu'il est chargé par notre maître de faire en secret un contrat...

SUZANNE.

... de mariage?

FIGARO.

... pour sa pupille, avec quelqu'un que l'on ne nomme pas, mais qu'on dit possesseur d'environ 1,500,000 livres. Parbleu!

j'ai mis le doigt dessus l'homme aux 1,500,000 livres : c'est le major Bégearss; le prétendu bien qu'il possède, c'est notre maître qui le donne, et voilà où va s'engouffrer notre argent de la Vera Cruz, en attendant que tout le reste y passe.

Var. III.

Celle-ci crut avoir un père; il ne l'était que pour la forme, et son parrain... Bref, je puis l'épouser.

Var. IV.

... Ces choses-là ne s'oublient guère.

SUZANNE.

En vous donnant sa plus tendre amitié?

BÉGEARSS.

Oui, le besoin de s'épancher avec un confident instruit.. (*En pathelinant.*) Ma chère Suzanne y mit plus de grâce.

SUZANNE.

Il vous prend là, Monsieur, d'obligeants souvenirs.

BÉGEARSS.

L'ai-je donc jamais oublié?...

Var. V.

... Ou si, dans ces nouvelles et merveilleuses lois, le divorce s'établissait.... Tous nos matériaux sont prêts sur certaine affaire que tu sais.

Var. VI.

SUZANNE.

Mais j'y veux être.

BÉGEARSS.

Il ne s'agit que d'un coup d'œil.

SUZANNE.

A cause du double fond; vous en connaissez le secret?

BÉGEARSS.

C'est moi qui l'ai fait faire; mais il y a si longtemps!

SUZANNE.

Où sont serrées ces malheureuses lettres qui lui font verser tant de larmes? Ah! pourquoi les lui remîtes-vous?

BÉGEARSS.

Pouvais-je les garder, quand un ami mourant m'avait chargé de les lui rendre?

SUZANNE.

Vous sentez que ce double fond....

BÉGEARSS *la regarde dans les yeux.*

Est impossible à deviner. Sais-tu l'ouvrir, toi?

SUZANNE.

Non.

BÉGEARSS.

Tant pis.

SUZANNE.

Pourquoi?

BÉGEARSS.

Je t'aurais dit d'ôter ces lettres, puisque tu crains..

SUZANNE.

Je ne crains pas, mais j'ai peur seulement...

Bégearss.

Donc il faut se garder d'éveiller un pareil soupçon. ... Paix ! paix ! le voici qui vient.

Var. VII.

... de lui demander quelque chose.

Le Comte.

Ah ! c'est peu de chose, en effet. Je voudrais, pour certain projet, faire voir à mon joaillier le bel écrin de ta maîtresse ; mais je désirerais que la Comtesse n'en sût rien.

Var. VIII.

Quand on veut vivre dans un pays, il n'en faut point heurter les préjugés, ni y demeurer sans adopter les opinions nouvelles.

Var. IX.

Ne peut-elle vous rendre indulgent ou vous consoler d'un malheur commun à tant de gens honnêtes? Suivez vos plans, fort bien, mais n'empoisonnez pas vos jours. Vous avez perdu votre fils; songez qu'il vous reste une fille, et d'autant plus intéressante qu'elle n'a d'autre ami que vous.

Var. X.

Le premier acte finit, dans le manuscrit, par le monologue suivant :

Bégearss, *seul, les regarde aller, et dit avec mystère :*

Enfin, il a saisi la lettre sans qu'on puisse me soupçonner. Quand elle a passé dans ses mains, s'il eût bien regardé les miennes, il les eût vues tremblantes de ma joie. Il faut maintenant empêcher que la Comtesse ne voie qu'elle lui manque. Ma vieille passion rappelée, ces vieux piéges tendus à la crédule Suzanne, (*avec le ton du regret*) au risque de m'y prendre aussi... Mais la lettre est si nécessaire, disons le mot, si indispensable...

(*Il sort.*)

FIN DU PREMIER ACTE.

Var. XI.

FLORESTINE.

Si vous étiez venu plus tôt, vous auriez vu chez lui le buste d'un de vos héros, d'un ami de la Liberté.

LÉON, *vivement*.

Du général américain? Il est à moi, c'est un pendant; j'ai 'autre. Je l'ai acquis de mes épargnes. L'artiste s'est mépris en le déposant chez mon père.

Var. XII.

Sortez d'un long sommeil qui pourrait devenir funeste.

Var. XIII.

C'est un crime inouï! Ce fut l'affreux crime de Cham; il en encourut la malédiction.

Var. XIV.

Apportez-moi les 1,500,000 livres que nous avons eues de Cadix en billets de banque de Saint-Charles.

Var. XV.

BÉGEARSS.

M'obliger, lui? Quel conte! Ah! la fourmi n'est pas prêteuse!

FIGARO.

Si la fourmi n'est plus prêteuse, c'est que la cigale n'est point rendeuse...

Var. XVI.

... à peine d'en être détenteur.

FIGARO.

Dé-ten-teur! .. Ah! Monsieur, le fier mot! Vous en savez autant qu'un procureur en cause. *Dé-ten-teur!* Quant à l'argent, Monsieur peut l'envoyer chercher, personne n'en est *dé-ten-teur!*

Var. XVII.

Ils nomment cela la liberté! les honnêtes gens sont obligés... Il y a de l'agio là-dessous!

Var. XVIII.

Accablée sous le poids d'une atmosphère qui m'étouffe, ne pouvant respirer ni parler, je suis comme au milieu de ces affreux sommeils où la bouche demeure ouverte en faisant d'impuissants efforts pour proférer quelques paroles, où la langue engourdie, l'agitation des lèvres, empêchent de former un son...

Var. XIX.

... officier sans fortune et n'ayant de bien que l'honneur, je n'ai pas cru devoir accepter une aisance dont je dépouillerais l'héritier de la loi, votre fils. Mais depuis qu'un riche parent m'a fait un legs de 60,000 guinées, j'ai dit à mon ami que je payerais ses bienfaits en épousant sa pupille sans dot, à moins qu'instruite de son sort, elle n'eût de la répugnance à s'unir à moi.

La Comtesse.

Que le ciel la préserve de commettre une telle faute !

Bégearss.

Ce matin, lorsque vous entrâtes chez lui, son cœur venait, en ma présence, de s'épancher avec sa fille sur le secret de son état.

La Comtesse.

Je l'ai trouvée radieuse. Ah ! j'étais loin de deviner qu'elle eût un aussi doux motif !

Var. XX.

Il m'a pourtant fallu lui en toucher quelque chose, ou bien accepter un cartel que sa fureur me proposait.

Var. XXI.

Non, je vais le chercher moi-même, car j'ai quelque chose à y joindre.

Var. XXII.

Cette journée vaut un million pour nous.

Var. XXIII.

Puisse-t-elle finir plus heureusement qu'elle n'a commencé !
(*Elle ferme l'écrin et l'emporte en sortant.*)

Var. XXIV.

Un temps viendra peut-être où le divorce, établi chez cette nation hasardeuse, vous permettra d'user de ce moyen. S'ils n'ont pas la vertu d'en porter le décret, leurs vieilles lois pénales, si absurdes contre les femmes..., un avocat bien impudent....

―――

Var XXV.

Vrai levier cherché par Archimède, elle soulève, elle ébranle le monde. Pour atteindre à ses grands effets, ses ingrédients sont simples comme ceux de la nature : c'est la fiction, la séduction, la terreur, l'espoir, un peu d'or ! Ses instruments ? les gens criblés de dettes, les obérés, les grands, les besoigneux, les femmes, les cupides, dont elle fait ses trompettes, et les sots ! L'intérêt est son but, l'intrigue son moyen. Sortis de la foule commune et pyramidant sur leur siècle, César, Mahomet, Richelieu, Cromwell, Potemkin et tel autre, voilà ses héros et les miens !

―――

Var. XXVI.

SUZANNE.

Enfin, entre elles deux, Monsieur, quel parti tenez-vous ici ?

BÉGEARSS, *lui prenant la main en souriant.*

Toi et moi, mon enfant, nous faisons de la politique.

SUZANNE.

En les armant les uns contre les autres ?

BÉGEARSS.

Il faut diviser pour régner.

SUZANNE.

Sur ce pied-là, Monsieur, vous gouverneriez un empire! Il n'est ici que mon brutal de mari que vous n'ayez pas su gagner !

BÉGEARSS.

Ce monsieur fait aussi... de la politique avec nous. Il finasse, intrigaille et cherche à pénétrer nos projets pour y nuire. Mais, misérable polisson, fureteur, proxénète, trois ans d'un bon exil vont nous faire raison de toi !

SUZANNE.

Il partira ?

BÉGEARSS.

C'est un point décidé.

Var. XXVII.

Voici, d'après le manuscrit, une autre version de cette scène, réunie à la suivante :

SCÈNE V (*dans le manuscrit*).

LES PRÉCÉDENTS, BÉGEARSS, M. FAL.

BÉGEARSS *dit au Comte vivement:*

Monsieur, je viens vous demander raison d'un insolent valet...

FIGARO, *se courbant vers le Comte.*

Je prie Monsieur de m'écouter, et de me chasser si j'ai tort. (*Il tire le pan de son habit.*)

BÉGEARSS, *étonné de les voir assemblés, dit à la Comtesse :*

Ah ! Madame, pardon de vous troubler ainsi. Monsieur, passons dans votre cabinet.

FIGARO.

Je suis accusé devant vous, c'est devant vous aussi que je dois être justifié.

LE COMTE, *avec humeur.*

De quoi s'agit-il donc ?

BÉGEARSS.

Monsieur, passons chez vous, c'est un objet particulier.

FIGARO.

Ce n'est qu'une erreur que j'ai faite en calculant le portefeuille.

LE COMTE, *à Bégearss.*

Si c'est là l'objet du débat, vous pouvez parler librement ; pendant que vous discutiez, tout ce qui trouble mon repos se dévoilait dans ce salon.

BÉGEARSS, *vivement.*

Quoi, Monsieur, malgré mes conseils, vous avez ouvert ces débats ?

LE COMTE.

Grâce au ciel, tout est éclairci !...

BÉGEARSS, *à part, avec joie.*

J'ai mon succès entier.

FIGARO, *bas, à Suzanne.*

Il est perdu! (*Au Comte.*) Voici le fait, Monsieur, saisissez-le bien, je vous prie. Je m'aperçois sur mon brouillon d'une erreur de mille guinées dans le bordereau de tantôt; je cours chez M. Fal, à dessein de la relever; j'y rencontre monsieur, qui venait d'échanger...

BÉGEARSS.

Laissez conter la chose à M. Fal, on saura mieux la vérité.

M. FAL.

Je n'altérerai pas un mot. Après avoir achevé le contrat, y avoir inséré la donation de tous les biens que monsieur fait à Mademoiselle, nous venions d'échanger entre monsieur et moi les 1,500,000 francs qu'il m'a dit être à lui contre mon reçu et le vôtre. Cette affaire était consommée. (*Montrant Figaro.*) Monsieur entre chez moi, l'apprend, paraît désespéré de n'avoir pas avant relevé, dit-il, son erreur. (*Montrant Bégearss.*) Monsieur veut le faire à l'instant, monsieur s'y oppose en disant qu'il faut que ce soit devant vous, n'en démord pas, et nous voici tous trois...

LE COMTE, *à Figaro.*

Eh bien?

FIGARO.

Je connais trop la malveillance de Monsieur pour douter qu'il ne vous eût dit que j'avais frauduleusement gardé les 1,000 louis qui manquent au portefeuille, et n'avait feint d'en relever l'erreur qu'à l'instant même où j'étais sûr qu'il allait s'en apercevoir. En altérant par ce soupçon la confiance d'un si bon maître, il m'aurait fait un mal irréparable. Ai-je tort d'avoir exigé qu'on s'en expliquât devant vous? Je sais bien que Monsieur ne me gardera point quand il sera le maître ici; mais au moins, si j'en dois sortir, j'en veux sortir irréprochable.

BÉGEARSS, *au Comte.*

Quel insolent! Vous l'entendez! M. Fal, relevez l'erreur, puisque cet homme en craint si fort les suites de ma part.

M. FAL.

Voici le bordereau écrit en tête des reçus.

FIGARO *le prend.*

Est-ce un mal de le comparer aux effets?

BÉGEARSS, *remettant le portefeuille au notaire.*

Les voilà; finissons en deux mots.

FIGARO.

Pas plus. (*Au notaire.*) M. Fal, avec les reçus, vous reconnaissez-vous bien véritablement déchargé? (*Il lui rend le bordereau.*)

M. FAL.

Certainement; mais montrez-nous l'erreur.

FIGARO, *lui prenant le portefeuille.*

D'erreur, il n'y en a point d'autre que celle où mon maître est tombé. Mon maître, voici vos effets; donnez-les à leur détenteur, si votre cœur l'en juge digne.

La scène reprend alors et continue comme dans la pièce imprimée.

ALMAVIVA, *se levant, à Bégearss.*

Grand Dieu!... les lui donner!... etc., etc.

Var. XXVIII.

Autre variante à intercaler dans la scène précédente :

BÉGEARSS, *entrant en scène, dit :*

Qu'y a-t-il donc?... Je vous trouve assemblés....

ALMAVIVA, *montrant Figaro.*

Cet homme vous veut pour son juge!

BÉGEARSS.

A quel titre?

FIGARO *se prosterne.*

A celui d'homme très-offensé!

TABLE

	Pages.
Notice sur *Tarare*	1
Tarare, opéra en cinq actes, avec un prologue et un discours préliminaire	17
Avertissement au Lecteur	19
A M. Salieri	21
Aux Abonnés de l'Opéra qui voudraient aimer l'opéra	23
Prologue de *Tarare*	43
TARARE, opéra	59
Couronnement de Tarare (variante de l'édition de 1790)	163
Notice sur *la Mère coupable*	173
Préface de *la Mère coupable*	195
L'AUTRE TARTUFFE, ou LA MÈRE COUPABLE, drame moral en cinq actes	203
Variantes de *la Mère coupable*	361

Imprimé par D. Jouaust

A Paris

Pour la Librairie des Bibliophiles

Et achevé le 30 novembre

M DCCC LXXI